Zu diesem Buch

Kinder werden nicht in eine heile Welt hineingeboren. Atemluft, Muttermilch, das Wasser, die Säuglingsnahrung, die ersten Kleidungsstücke – alles ist mehr oder weniger mit Schadstoffen belastet.

Noch vor zwanzig Jahren standen Masern, Windpocken und Röteln ganz oben auf der Liste der Kinderkrankheiten. Heute drängen sich in den Praxen der Kinderärzte chronisch hustende und schnupfende Kinder und Säuglinge, die an Hautjucken, Nahrungsmittelallergien und Asthma leiden. Das giftige Erbe, das wir unseren Kindern hinterlassen, ist nicht nur gefährlich, sondern auch heimtückisch: man kann es nicht mehr riechen, nicht mehr schmecken, nicht mehr sehen.

Manche Muttermilch dürfte laut Lebensmittelgesetz nicht im Handel vertrieben werden – so hoch ist sie mit chlorierten Kohlenwasserstoffen belastet. Fertigmenüs und Eintöpfe fürs Baby hingegen enthalten fast alle zuviel Zucker oder zuviel Salz. Und die Babytees gehören trotz jahrelanger Proteste immer noch zu den Kariesmachern. Die ÖKO-TEST-Ratgeber möchten Ihnen helfen, Schadstoffe zu vermeiden und Umweltbelastungen zu bekämpfen.
In diesem Buch geht es um Gläschenkost und Babytees, um Höschenwindeln und Babycremes, um Impfen und Pseudokrupp, um Fahrradkindersitze und Fingerfarben – um die ganze kleine Welt zwischen dem ersten Tag und den folgenden drei Jahren.

Die Beiträge dieses Bandes sind vom ÖKO-TEST-Magazin zusammengestellt worden, einer ökologischen Verbraucherzeitschrift. Monat für Monat läßt das Öko-TEST-Magazin Lebensmittel und manches mehr für den Alltag testen. Diese Öko-Tests sind keine herkömmlichen Warentests. Sie geben über die Beschaffenheit der Testobjekte und der gesundheitlichen und ökologischen Kriterien Auskunft und sollen Verbrauchern, Herstellern und Politikern Anstöße geben, Abhilfe zu schaffen und Veränderungen herbeizuführen.

ÖKO-TEST RATGEBER

Kleinkinder

rororo

Rowohlt

Öko-Test Ratgeber
Herausgeber: Ingke Brodersen und Freimut Duve

Originalausgabe

Redaktion: Jürgen Stellpflug, Elke Achtner-Theiß.
Mitarbeiter/innen dieser Ausgabe: Fritz Arndt, Angelika Bork, Maren Bustorf-Hirsch, Angelika Gordes-Giesen, Michael Hadamczik, Sabine Hedewig, Regina Hilsberg, Hanno Parmentier, Jürgen Räuschel-Schulte, Thomas Schmitz-Günther, Friedrich Siekmeier, Irene Stratenwerth, Heide Wahrlich, Rita Werner.
Fotografien: Gabriele Lorenzer

Veröffentlicht im Rowohlt Taschenbuch Verlag GmbH,
Reinbek bei Hamburg, Mai 1988

Umschlagentwurf: Christof Gassner
Satz Trump Mediaeval (Linotron 202)
Gesamtherstellung Clausen & Bosse, Leck
Printed in Germany
980 ISBN 3 499 18518 0

INHALT

ERNÄHRUNG

Die Hersteller von Babynahrung geben sich große Mühe, den Geschmack ihrer Kunden zu treffen. Das sind meistens die Eltern. Auslöffeln müssen den Brei dann aber die Kleinkinder. Auf den Seiten 35 bis 50 finden Sie den ÖKO-TEST Gläschenkost.

HYGIENE

Übertriebene Reinigungsrituale mögen der Vorstellungswelt mancher Erwachsener entsprechen und kommen auch dem Umsatzinteresse der Hersteller von Seifen und Shampoos, Cremes und Pudern entgegen. Für Gesundheit und Wohlbefinden der Kinder sind sie eher hinderlich. Lesen Sie den Bericht auf Seite 78.

GESUNDHEIT

Das Prinzip der Vorsorge wird immer da angewandt, wo es ausreicht, Pillen oder einen Impfstoff zu verabreichen. Eine Vorsorge gegen Zivilisationskrankheiten wie Allergien und Pseudokrupp ist dagegen nicht in Sicht.
Themenschwerpunkt Gesundheit ab Seite 107.

S P I E L E N

Fingerfarben und Kneten sind ideales Spielzeug für Kleinkinder. Sie fördern die Kreativität und sind einfach zu handhaben. Aber sie müssen frei von allen Schadstoffen sein, denn was Kinder mögen, das stecken sie auch in den Mund. Die ÖKO-TESTS stehen auf den Seiten 144 bis 167.

KURZ UND GUT

Leben mit Kindern

Wer fürchtet sich vorm schwarzen Mann, vorm Blei- und SO_2-Gespenst? Es sind die heutigen Eltern, die ihre Kinder vor ihm

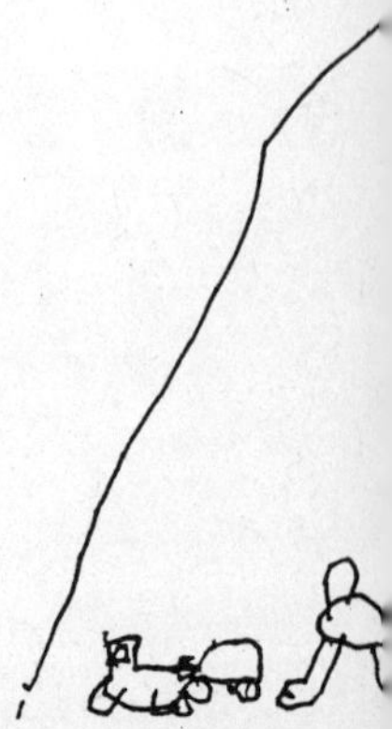

schützen wollen –
mit neuen Verboten und alten Tabus. Die Umweltgifte belasten uns körperlich und seelisch, sie belasten sogar die Erziehung.

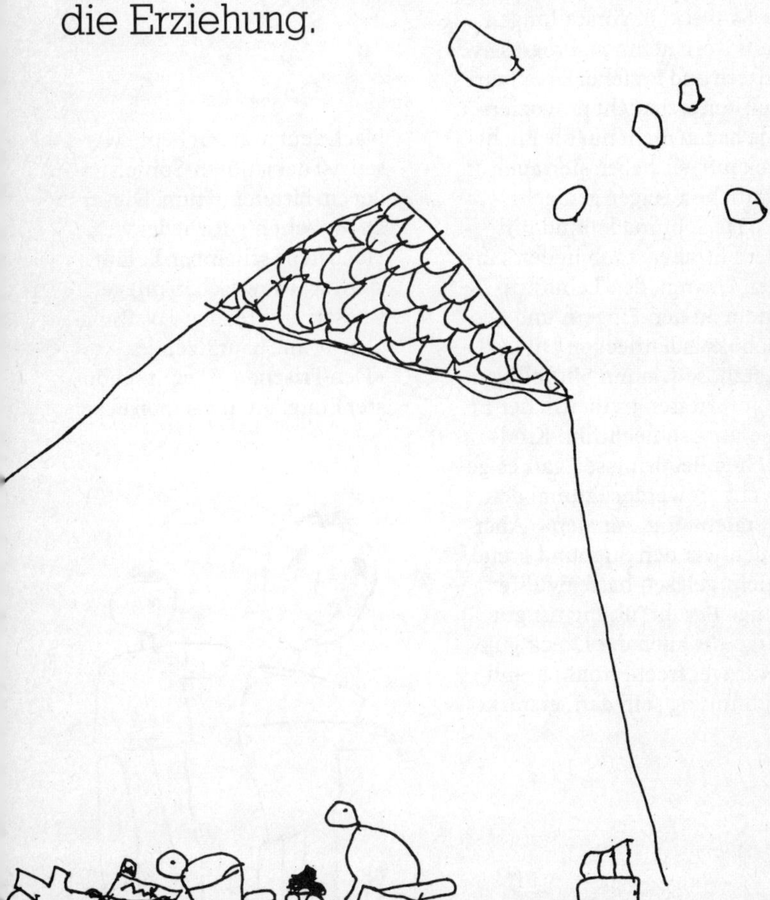

«Dreck, Dreck, Dreck geht immer wieder weg», reimte Kinderbüchermacher Janosch in den 70er Jahren. Es sollte wohl frech klingen, sollte antiquierte Sauberkeitsvorstellungen aufs Korn nehmen. Progressive Eltern und Erzieher jener Jahre fühlten sich nicht provoziert. Sie haben nicht nur die Bücher gekauft, sie haben sich auch die Sprüche zu eigen gemacht.

Das Schmuddelkind mit dem Straßenstaub in den langen Haaren, den Lehmkrümeln an den Fingern und den Schokoladenflecken auf der Latzhose war ein Sinnbild antiautoritärer, freiheitlicher Erziehung schlechthin. Kindlichen Bedürfnissen galt es gerecht zu werden, zumal den «oralen» und «analen». Aber auch wer den Sigmund Freud nicht gelesen hatte, wußte: geringe Beschränkung tut gut. Ergo tut auch der Dreck gut. Nur wer frech, fröhlich und schmutzig sein darf, erstarkt zu einem mündigen, couragierten Erwachsenen.

Heute wirkt das Bild vom Schmuddelkind schief. Es ist kein Sinnbild der Freiheit mehr, eher eins des Jammers. Denn bei Straßenstaub denken wir an Blei, bei Lehm an radioaktives Cäsium und bei Schokolade an gezuckertes Cadmium. Das Schmuddelkind ist belastet, und wie!

Giftiges Erbe

Nach dem, was wir heute wissen, ist der Janosch-Spruch leider ein bitterer Irrtum. Dieser Dreck geht nicht wieder weg. Höchstens scheinbar. Er läßt sich zwar abwaschen mit gewässervergiftenden «Weißmachern» und hautätzender «Deo-Frische». Aber in schönster Einigkeit mit seinen Besei-

tigern taucht er immer wieder auf: fein gelöst im Wasser, in der Luft, in der Nahrung. In uns und um uns sammeln sich seine «parts per million», summieren sich in ihrer Menge, vervielfachen sich in ihrer Wirkung. Und viele dieser Gifte leben weit länger als die Generation ihrer Verursacher.

Also hat das Schmuddelkind den Schwarzen Peter. Es muß mit den halbtoten Flüssen zurechtkommen, mit den zerstörten Wäldern, dem wachsenden Ozonloch. Es muß unsere «Altlasten» verwalten, die Stollen verriegeln, die Gruben zubetonieren, damit das giftige Erbe nicht noch seine Kinder und Enkelkinder umbringt.

Doch nicht nur mit der Umweltbelastung ringsum, auch mit den Giften, die seinen eignen Körper befrachten, wird es leben, vielleicht sogar eines Tages daran sterben müssen. Deutlich zeichnet sich ab, daß die Kinder die am stärksten belastete Gruppe sind. Im Verhältnis zu ihrem Gewicht nehmen die kleinen Körper viel mehr Nahrung und viel mehr Atemluft auf, damit aber auch mehr Schadstoffe als Erwachsene. Dabei müssen sie noch wachsen, ihre Organe und ihre Körperfunktionen erst ausbilden, sie sind empfindlich, haben noch viele wunde Punkte: die durchlässigere Haut, die feiner geästelte Lunge, die unvollkommene Blut-Hirn-Schranke und viele mehr.

Kein Schicksal

Noch nie war die Säuglings- und Kindersterblichkeit niedriger als in den letzten beiden Jahrzehnten. Und dennoch: Die Zahl derer, die an Asthma, an Pseudo-Krupp, an Hautallergien, an Krebs erkranken, die Zahl der Mißbildungen bei Neugeborenen und der plötzlichen Kindstode nimmt unbestritten zu. Doch auch Kinder, die (noch) nicht akut erkrankt sind, weisen fortwährende Stresssymptome des Körpers auf: rauhe Rachenmandeln, geschwollene Lymphknoten, weniger rote Blutkörperchen, dafür eine vermehrte Anzahl von Abwehrzellen (Lymphozyten) im Blut. Im Rhein-Main-Gebiet liegt nach einer Untersuchung des Gießener Hygiene-Instituts die Quote der so geschädigten Kinder bei 75 Prozent.

Sind die Kinder körperlich extrem belastet, so sind es die Eltern seelisch. Die Sorge um

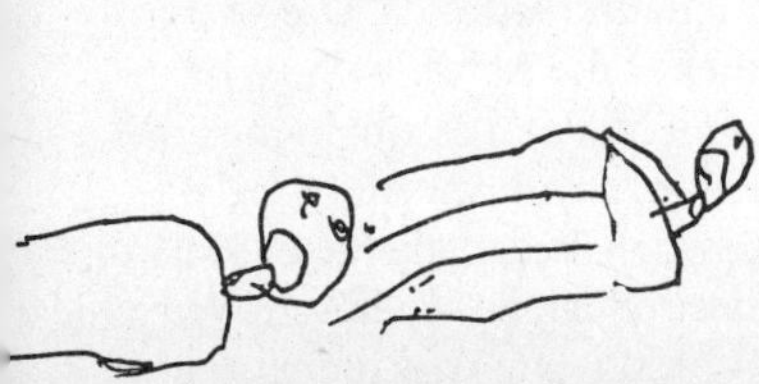

die Gesundheit und die Zukunft ihrer Kinder teilen sie sicher mit allen Eltern aller Generationen vor ihnen. Doch eines an ihren Problemen ist grundsätzlich neu: Sie könnten die Leiden und den verfrühten Tod ihrer Kinder nicht als zufällig oder schicksalhaft oder gottgegeben hinnehmen. Dazu wissen sie zuviel. Wenn die allergenen, die krebserregenden, die erbgutzerstörenden Stoffe ständig zunehmen, dann ist das keine göttliche Fügung, sondern eine Frage der mathematischen Wahrscheinlichkeit, ob es das eigene Kind trifft. Und es ist keine Frage des Zufalls, sondern eine der Verantwortung, wie gut oder schlecht man sein Kind davor schützt, wo man es immerhin noch zu schützen vermag.

Ausweichmanöver

Der moderne Kampf ums tägliche Brot ist ein gestresstes Ausweichmanöver vor dem Ansturm der Schadstoffe. Notfalls schleppen sich die Mütter eine halbe Stunde lang zum nächsten Öko-Lädchen, ihre murrende Meute im Schlepptau, um dann doch nur einen popeligen Rest pestizidfreier Kartoffeln zu erwischen. Sie schleichen durch die Supermärkte mit der E-Nummern-Liste in der Handtasche oder schon im Kopf und drehen die Tüten und Päckchen um auf der Suche nach der kleingedruckten Zutatenliste und finden sie schließlich vom Preisschild überklebt.

Es ist ein nervendes Spiel. Du hast keine Chance, aber nutze sie: Macht man's Fenster auf, läßt man Formaldehyd raus und Stickoxide rein. Wirft man vom Salat die äußeren Blätter weg, behält man die nitratträchtigen inneren. Macht man's umgekehrt, behält man die Schwermetalle.

Der neue Dreck weckt eine alte Furcht, vergleichbar der Furcht der Eltern in der ersten Jahrhunderthälfte, als man noch tödliche Krankheitskeime in allem Schmutz und Unrat wußte. Freilich waren damals die elterlichen Sorgen und Bemühungen von allen mitgetragen, von Ärzten, Politikern, Industriellen, Öffentlichkeit. Heute steht man weitgehend allein und ratlos da. Die Ärzte zucken die Achseln. Sie wissen es nicht, denn es gibt keine Forschungen, die zweifelsfrei belegen, daß dieser oder jener Stoff diese oder jene schädliche Wirkung hat. Die Politiker falten die Hände und erzählen vom «verschwindend geringen Restrisiko». Sie erlassen willkürliche Kinder-Grenzwerte, die mal ein Zehntel und mal die Hälfte der Erwachsenenportion betragen. Die Industrie läßt den Bürgern öffentlich erklären, daß sie hysterisch, «umwelthysterisch» seien. Man möchte ihnen ja zu gern glauben. Aber es hat sich schon allzuvieles als reale Gefahr entpuppt, was ehedem heruntergespielt wurde: DDT, Asbest, Formaldehyd...

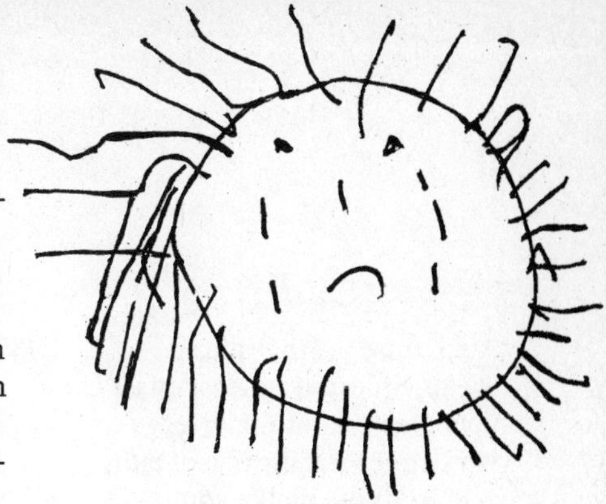

Genußfeinde

Das mithin Arglistigste am neuen Dreck ist, daß er nicht grundsätzlich graubraun und stinkend den Rinnstein entlangläuft. Im Gegenteil, er lacht sein Opfer, effektvoll drapiert, aus dem Ladenregal an. Die pestizidhaltigen Früchte, die allergenen bunten Lollies, die strahlenden Haselnußkekse werden am Schulkiosk verkauft. Der Kaufmann reicht sie seinen kleinen Stammkunden als Geschenk über den Tresen. Omas und Tanten bringen ihn gleich tütenweise ins Haus und wundern sich, daß sie damit alles andere als Freude und Dankbarkeit ernten.

Das Schmuddelkind steht vor der Zerreißprobe, denn auch unsere Erziehung ist umweltbelastet. Verbote werden wieder häufiger. Und schwerer begründbar. Daß das Feuer zu heiß ist zum Spielen, die Mauer zu hoch ist zum Balancieren, das leuchtet dem eigensinnigsten Trotzkopf von allein oder spätestens nach den ersten Erfahrungen ein. Daß aber die Kiwis von der Nachbarin, der bunte Hampelmann im Schaufenster, die leuchtfarbene Backofenknete «ein bißchen giftig» sein sollen, erzeugt bestenfalls ungläubiges Staunen. Im schlimmsten Fall wirken solche Erklärungen auf das Kind genußfeindlich und quälen es genauso wie früher der legendäre «schwarze Mann» oder der Daumenabschneider aus dem «Struwwelpeter».

Schuhe vor der Tür

Auch unser Verhältnis zu Staub, Erde und Sand ist quasi über Nacht komplizierter geworden. Es war die Nacht zum 2. Mai, als die Wolke von Tschernobyl auch in der BRD ihre üblen Spuren hinterließ. In fast allen Haushalten mit kleinen Kindern blieben die Schuhe vor der Wohnungstür, durfte auf den Kletterbetten mit Straßenkleidern nicht mehr geturnt werden, mußten die Händchen – bei Androhung sonstiger Hungerstrafe – vor dem Essen gewaschen werden. Es galten wieder die Reinlichkeitsriten der eigenen Kindheit. Inzwischen ist das radioaktive Jod längst nicht mehr nachweisbar, das Cäsium hat sich aus den Buddelkästen weitgehend in die Schoko-Riegel «ausgewaschen». Der altneue Regelkanon gilt aber immer noch. Die sensibilisierten Eltern wittern, was sonst noch an Schuhen, an Hosen und Händen kleben könnte, von dem die Kinder ohnehin zuviel kriegen: Schwefeldioxid, Blei, Dieselruß, Cadmium, Unkrautvertilger und vieles mehr.

Moderne Eltern halten sich im allgemeinen für sehr tolerant. Sie lassen ihre Kleinen die Wände bekritzeln, mit dem Essen manschen und in die Windeln machen, solange sie wollen. Trotzdem gehören schon wieder Laute wie «Äh» und «Bah» zum Aktiv-Wortschatz vieler Einjähriger. Und wer die Kinderzimmertür nur anlehnt, der hört vielleicht die Älteren mit ihren Puppen schimpfen: «Pfui ... krank ... hundertmal schon gesagt!»

Finanzstärke

Man mag es entsetzt zur Kenntnis nehmen, daß man schon wieder allerlei Tabus errichtet hat in den kleinen Köpfen. Man mag sich vornehmen, wieder großzügiger zu sein. Doch das freiere Kind ist das gefährdetere Kind. Das schlechte Gewissen hat man so oder so. «Heute mühen sich Vater und Mutter, dem Kind möglichst viel Freiraum zu geben, möglichst viel Selbständigkeit, mühen sich, es möglichst unverletzt aufwachsen zu lassen. Sie hegen seine Phantasie, sie pflegen seine Kreativität. Sie wollen all dies tun, sie möchten es. Doch die Killer von heute kommen heimtückisch, unerkannt, namenlos. Ich war es nicht, sagen diejenigen, die sie ausschicken. Oder: Ich war es nicht allein. Sie argumentieren materiell, ökonomisch, seelenlos. Sie schätzen das ‹Risiko› ab, rechnen gegeneinander auf: Die noch ‹duldbare› Menge Gift gegen die noch erträgliche Gewinnminderung. Die noch ‹zumutbare› mittlere Menge von Krankheiten gegen den geschätzten Gesamtverlust an Arbeitsplätzen. Die noch ‹verkraftbare› relative Zahl sterbender Bäume (und Kinder) gegen den Produktionsausstoß der Unternehmen.» So schreibt Bernd Dost erbittert in «Die Erben des Übels». Und dennoch arbeitet eines der marktwirtschaftlichen Prinzipien für die Eltern (und die Kinder): das von der Nachfrage, die das Angebot regelt. Bleibt die strahlende Nougat-Creme trotz Sonderangebot im Regal, bekommen die Hersteller ihr dioxanhaltiges Shampoo mit der Post zurück und werden vor allem die bekannten Zyniker unter den Fabrikanten konsequent genug boykottiert, dann könnte der «König Kunde» tatsächlich einmal einer werden. Einige überraschende Beispiele unternehmerischer Umbesinnung sind den ÖKO-TEST-Lesern schon geläufig.

Sicher, ein umweltbewußtes Konsumverhalten wird die Profitgesellschaft nicht im Wesen verändern. Aber wir haben die Chance, unseren Kindern ein Stückchen unbelasteter schmuddelkindlicher Freiheit zurückzugewinnen und damit eine Portion mehr seelische Kraft für ihre Zukunft. Es bleibt zu befürchten, daß sie diese Kraft nötig brauchen werden.

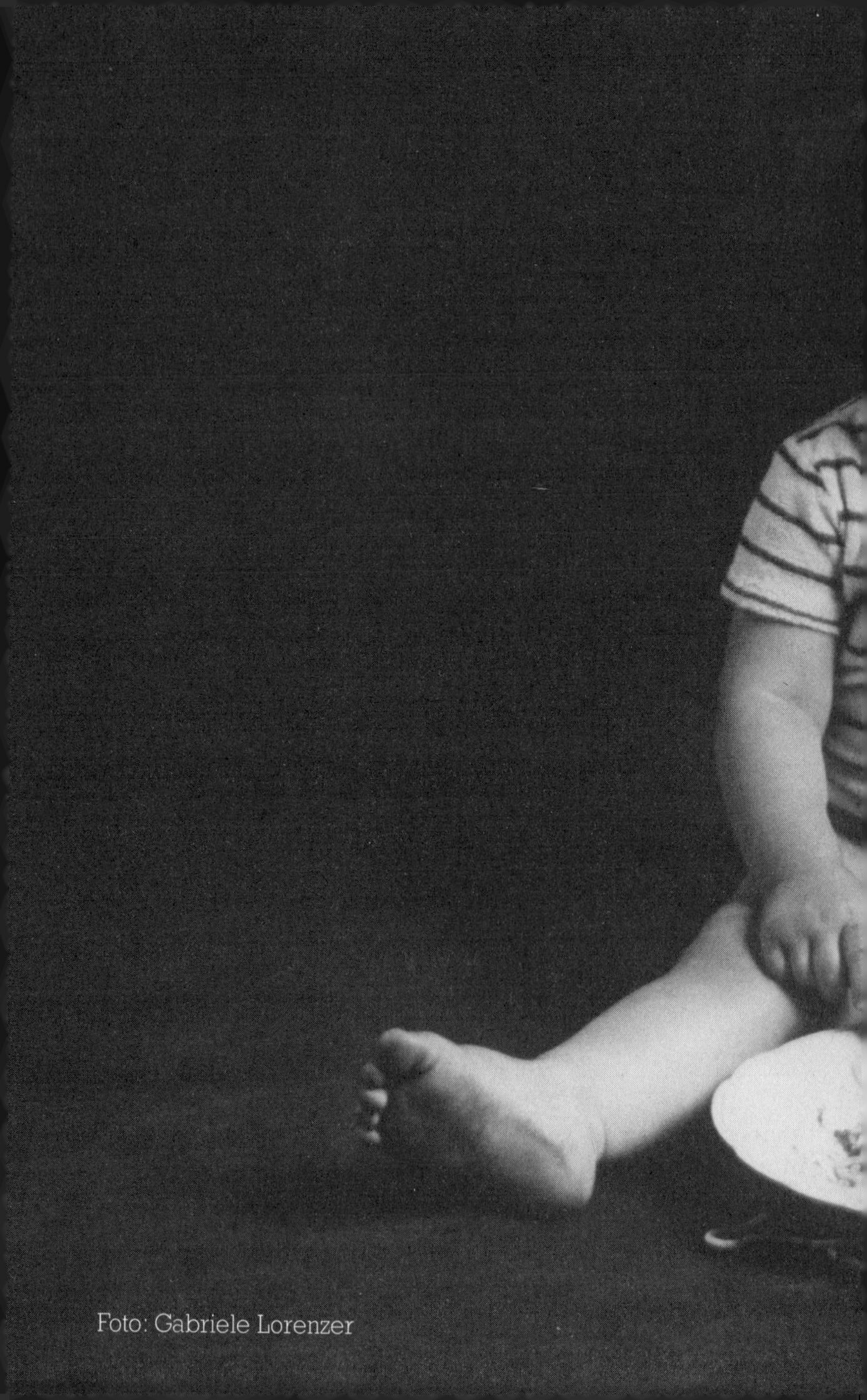

Foto: Gabriele Lorenzer

Ernährung

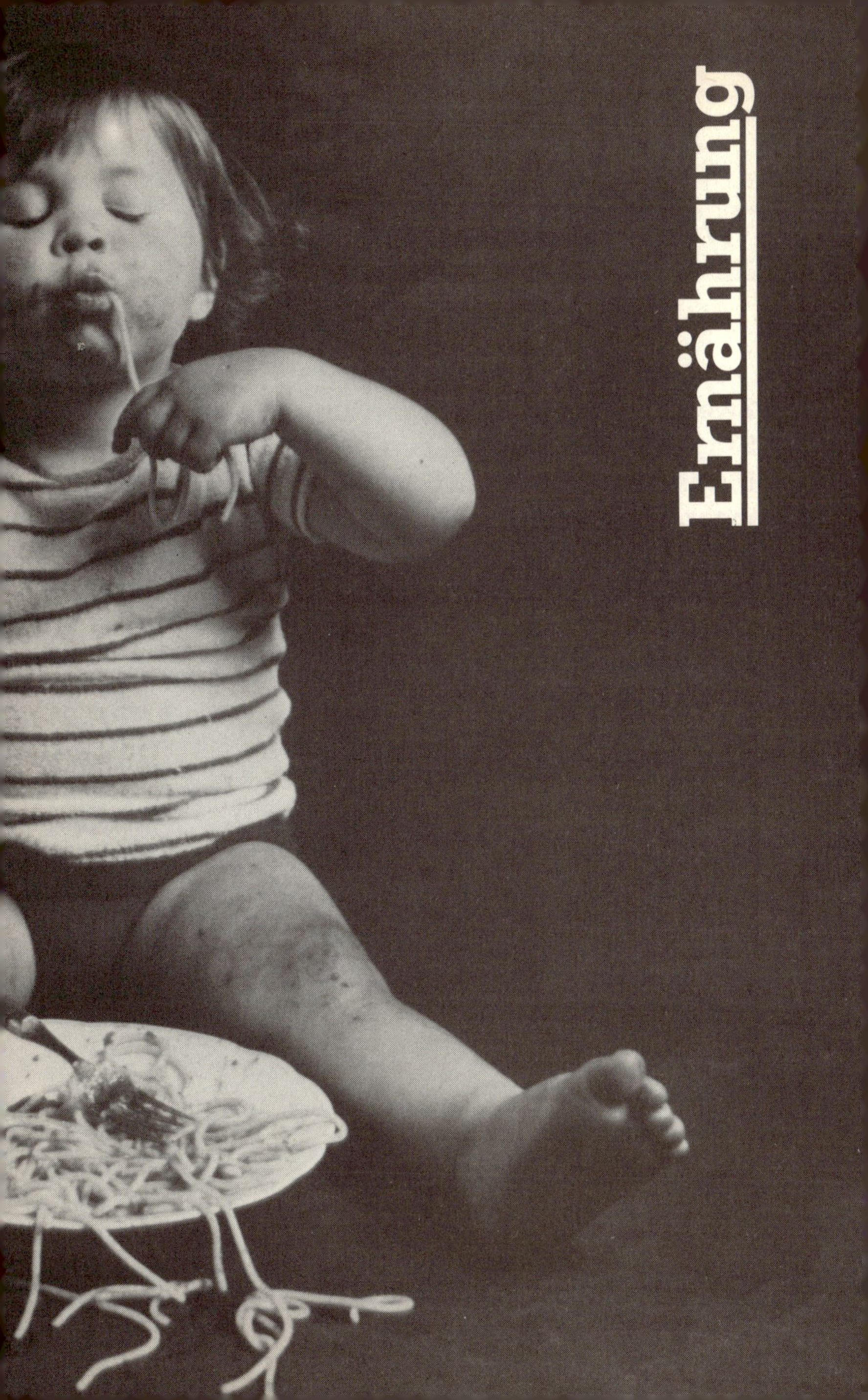

Muttermilch

Zweifellos bekommt der gestillte Säugling «mehr» von seiner Mutter: mehr Körperwärme, mehr Immunstoffe und mehr chlorierte Kohlenwasserstoffe. Daß manche Muttermilch – laut Lebensmittelgesetz – nicht mehr in den Handel kommen dürfte, machte vor vielen Jahren Schlagzeilen. Auch neue Untersuchungen geben noch keine Entwarnung.

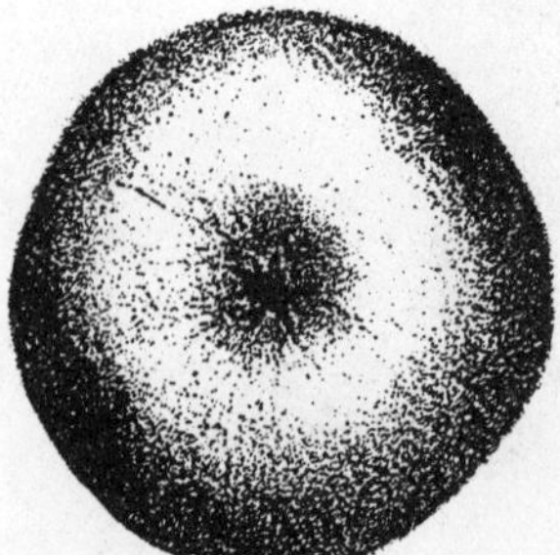

Immer mehr Mütter entscheiden sich heute dafür, ihr Kind zu stillen. Sie folgen damit nicht einem modischen Trend, sondern der Einsicht, daß der frühe, intensive Kontakt, wie ihn das Stillen ermöglicht, für die Mutter-Kind-Beziehung von unschätzbarer Bedeutung ist. Die abrupte Trennung von Mutter und Kind durch die Entbindung erscheint beiden durch das Stillen gemildert, weil ein Teil der Versorgung durch den Körper der Mutter über die Geburt hinaus erhalten bleibt.

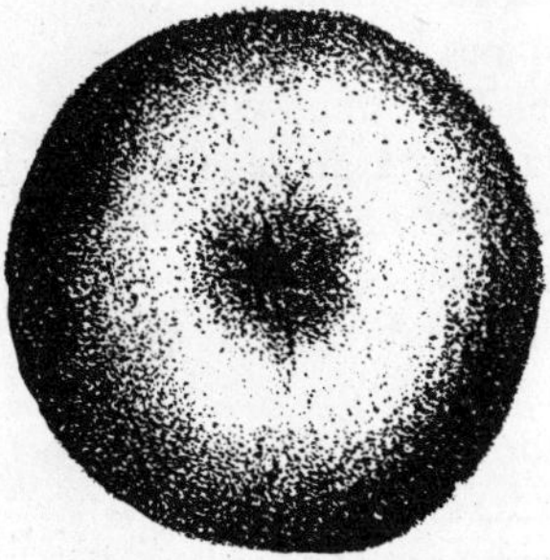

Überaus wichtig für das Kind sind auch die Immunstoffe, die es durch die Muttermilch erhält und die es in den ersten Monaten vor Infektionskrankheiten und Allergien schützen.

Muttermilch ist in der Zusammensetzung ihrer Nährstoffe in idealer Weise auf die Bedürfnisse des kleinen Organismus abgestimmt. Kuhmilch, die zur Herstellung von Ersatznahrung für Säuglinge zumeist verwendet wird, unterscheidet sich ganz wesentlich von der Muttermilch in ihrem Eiweiß- und Kohlehydratgehalt, in ihrem Verhältnis von gesättigten und ungesättigten Fettsäuren. Die Kuhmilch enthält u. a. auch für den menschlichen Säugling zuviel Calcium und zuwenig Eisen. Zwar können diese Nachteile durch eine spezielle Zubereitung der Kuhmilch-Nahrung ungefähr ausgeglichen werden. Insbesondere industriell «adaptierte» Produkte kommen ihrem Vorbild, der Muttermilch, sehr nahe. Dennoch bleiben einige für den Säuglingsorganismus ungünstige Relationen, die zu Verdauungsstörungen wie Blähungen und Verstopfung führen können.

Muttermilch

Das Beste fürs Baby

Aus all diesen Gründen kann auch das beste Industrie-Produkt die Muttermilch nicht ersetzen. Für viele Mütter kommt als Argument hinzu: Muttermilch ist die billigste Säuglingsnahrung und die unkomplizierteste. Sie muß nicht angerührt, gewärmt oder abgekühlt werden. Sie ist überall und jederzeit verfügbar. Und sie kann ohne Bedenken nach Bedarf gegeben werden, denn es besteht niemals die Gefahr einer Überernährung des Babys.

Bei gesunder und ausgewogener Ernährung der Mutter erhält der gestillte Säugling in seinen ersten sechs Lebensmonaten alles, was er zum Wachsen und Gedeihen braucht. Ein Zufüttern von Breien, von Gemüse oder Obst, wie es die Hersteller von industrieller Baby-Nahrung propagieren, ist überflüssig. Wer früh und häufig zufüttert, riskiert sogar, daß die Muttermilch-Produktion nachläßt. Denn wenn das schon gesättigte Baby seltener und weniger kräftig an der Brust saugt, reagiert der mütterliche Körper mit einer Verringerung der Milchmenge.

Nur bei schlechter Ernährung der Mutter sind Bedarfslücken zu befürchten. Manchmal tritt ein Mangel an Vitamin B_1 und B_6 auf. Er ist durch den Verzehr von Vollkornprodukten leicht zu beheben. Auch ein Vitamin-D-Mangel ist – vor allem während der Wintermonate – oft zu verzeichnen, denn ein Teil des Bedarfs wird durch Sonnenlichteinfluß in der Haut gebildet. Eine pauschale Gabe von Vigantol-Tabletten – wie in vielen Kinderarztpraxen üblich – ist dennoch nicht sinnvoll, denn gerade bei fettlöslichen Vitaminen (Vitamin D gehört dazu), besteht die Gefahr einer Überdosierung. Eltern sollten auf einer eingehenden ärztlichen Beratung bestehen, die ihre besondere Situation berücksichtigt: Jahreszeit, Wohnsituation und Ernährungsstatus der stillenden Mutter.

Stillgruppen helfen bei Problemen

Daß die Stillfreudigkeit in der Bundesrepublik in den letzten Jahren wieder zugenommen hat, ist sicher der verbesserten

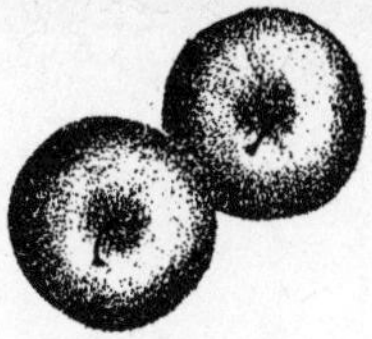

Situation in den Entbindungskliniken zu verdanken. Die gemeinsame Unterbringung von Mutter und Neugeborenem (Rooming-in) ist für ein problemloses Stillen eine gute Voraussetzung.

Hilfreich für viele Frauen, die zum erstenmal Mutter werden, oder für alle, die sich unsicher fühlen, sind die zahllosen örtlich organisierten «Stillgruppen». Dort trifft man nicht nur auf viele Gleichgesinnte, man erfährt auch viele Tips und Tricks, die bei Stillschwierigkeiten weiterhelfen. Meist haben Stillgruppen Kontakt zu frei niedergelassenen Hebammen, die bei körperlich bedingten Problemen wie Schlupfwarzen, wunden Brustwarzen, häufigem Milchstau usw. mit fachlichem Rat helfen können.

Es gibt sicher auch Gründe für eine Frau, nicht zu stillen oder zumindest frühzeitig zuzufüttern. Dazu gehört, daß manche Säuglinge besonders hungrig sind und sehr häufig angelegt werden wollen. Alle zwei Stunden – tagsüber wie nachts – für den Nachwuchs bereitstehen zu müssen zerrt an der nervlichen Konstitution. Auch für Mütter mit weniger anspruchsvollen Kindern wird die monatelange Einengung ihres Freiraums manchmal zur psychischen Last.

Krampfhaft dann einen Anspruch an sich selbst, die Familie oder an das Kind zu stellen führt eher zu Anspannung, Gereiztheit und Erschöpfung als zu einem behaglichen Stillklima. Kinder haben eine empfindliche Antenne für das, was in ihrer Mutter vorgeht. Sie spüren den Widerwillen und reagieren mit Unlust und Ernährungsfehlverhalten. Sosehr das Stillen für eine normale Gewichtsentwicklung und das Immunsystem des Kindes von Vorteil ist, sollte sich jedoch keine Mutter dazu zwingen.

Unorthodoxe Stillgruppen kennen übrigens auch Wege, zuzufüttern und dennoch zwei- bis dreimal am Tag weiterzustillen. Das teilweise Stillen, das ab dem vierten Monat leicht möglich ist, ist in manchen Fällen ein guter Kompromiß.

Muttermilch

Warnung vor DDT & Co.

Daß viele Ärzte und Ernährungswissenschaftler inzwischen vor einer langen Stillzeit warnen, hat allerdings einen anderen Grund: die hohe Schadstoff-Belastung der Muttermilch. Untersuchungen quer durch die Bundesrepublik zeigen immer wieder, daß sie vor allem mit chlorierten Kohlenwasserstoffen hoch belastet ist. Dazu gehören im einzelnen:

DDT = Dichlordiphenyltrichlorethan, Insektizid (Herstellung und Anwendung bei uns seit 1971 verboten; es baut sich in der Umwelt nur langsam ab und kommt deshalb und wegen des Einsatzes in anderen Ländern immer noch in unsere Nahrung);

Lindan = Unkrautbekämpfungsmittel;
alpha- und beta-HCH = Hexachlorcyclohexan, Pflanzenschutzmittel;
HCE = Heptachlorepoxid, Insektizid, seit 1966 in der Bundesrepublik nicht mehr zugelassen;
Dieldrin = Insektizid, seit 1966 in der Bundesrepublik nicht mehr zugelassen;
HCB = Hexachlorbenzol, Fungizid, Beizmittel, Weichmacher für PVC;
PCB = polychlorierte Biphenyle, Weichmacher für Kunststoffe, als Isoliermittel, Transformatorenöl u. a. m., nur noch beschränkt zugelassen.

Sie alle können die Organe schädigen. Viele stehen in Verdacht, krebserzeugend zu sein. Chlorkohlenwasserstoffe lagern sich im Körper, außer in Leber und Niere, bevorzugt im Fettgewebe ab.

Aus dem Fettgewebe werden sie während der Stillperiode freigesetzt. In der sogenannten Vormilch (Kolostrum), die sich wenige Tage nach der Geburt bildet und die für den Säugling eine besonders eiweiß- und vitaminreiche Nahrung mit hohem Immunstoff-Gehalt darstellt, ist die Konzentration der Schadstoffe leider am höchsten.

Nachdem die Deutsche Forschungsgemeinschaft (DFG) in ihrer Studie «Rückstände in Frauenmilch» von 1978 in eher beschwichtigender Weise auf das Problem aufmerksam machte, begannen landauf, landab Untersuchungen, die die Öffentlichkeit wachrüttelten. In einer gemeinsamen Arbeit des Öko-Instituts Freiburg, des Bundesverbands Bürgerinitiativen Umweltschutz (BBU), des Bundes für Umwelt- und Naturschutz Deutschland (BUND) und des World Wildlife Fund (WWF) entstand 1981 die von Elke Pröstler herausgegebene Studie «Stillen trotz verseuchter Umwelt». Sie zeigte: Die für Trinkmilch tolerierten Werte waren von den meisten Muttermilch-Proben überschritten, zum Teil sogar erheblich.

Wenig Neues aus Kiel

Neueren Untersuchungen zufolge erscheint die Situation leicht, keineswegs aber wesentlich verbessert. Eine Testreihe, 1987 vorgenommen und ausgewertet von der «Untersuchungsstelle für Umwelttoxikologie» des Landes Schleswig-Holstein (Kiel), ergab, daß gestillte Säuglinge auch heute noch hohe Gehalte an organischen Chlorverbindungen aufnehmen. Der Durchschnittswert für HCB, PCB und DDT der ca. 880 untersuchten Muttermilch-Proben reichte schon bedenklich nahe an die Höchstmengenverordnung für Trinkmilch heran. Der ermittelte Höchstwert lag bei allen Chlorkohlenwasserstoffen über dieser Grenze, zum Teil beträchtlich darüber.

Bei einer Stilldauer von mehr als vier Monaten empfehlen die Wissenschaftler den Müttern, ihre Milch genau untersuchen zu lassen, um abzuschätzen, ob der Schaden nicht eventuell höher als der Nutzen ist. Bisher sind zwar keine direkten Gesundheitsschäden beim Säugling durch Organochlorverbindungen nachweisbar. Ist jedoch eine hohe Belastung der Mutter vorhanden, erscheint es Fachleuten und Medizinern ratsam, frühzeitig zuzufüttern.

Die Lebensweise der Mutter, so die Kieler Studie, ist entscheidend für die Qualität der

Schadstoffe in Muttermilch[2)]

Schadstoff	**Mittelwerte[3)]**	**Höchstwerte[3)]**	**Grenzwerte[1)]**
HCB	0.375	4.38	0,5
αn.n.	n.n	0.12	0,1
β-HCH	0.193	1.54	–
Lindan	0.032	1.26	0,2
HCE	0.021	0.81	0,1
Dieldrin	0.018	0.3	0,1
Gesamt-DDT	0.74	4.2	1,0
Gesamt-PCB	0.913	6.66	–

1) Gesetzlich zulässige Höchstmenge für Trinkmilch in Milligramm pro Kilogramm (mg/kg)
2) Aus: Katalyse-Gruppe «Chemie in Lebensmitteln»
3) In Milligramm pro Kilogramm, gemessen 1987
n.n – nicht nachweisbar
Stand: März 1988

Muttermilch. Häufiger Fleisch- und Wurstverzehr wirken sich negativ aus. Frauen, die sich über Jahre hinaus vegetarisch und außerdem von biologisch angebauten Produkten ernährten, hatten (wie bei vielen vorangegangenen Untersuchungen in anderen Bundesländern) geringere Belastungen. Eine kurzfristige Ernährungsumstellung während der Schwangerschaft reicht dabei allerdings nicht aus, weil die Schadstoffe über mehrere Jahre hinaus im Körper gespeichert werden. Die These, daß bei längerem Stillen eine Ausschwemmung der Gifte erfolgt und der Schadstoffgehalt nach einigen Monaten sinkt, konnte in Kiel nicht nachgewiesen werden.

Der Trend der Belastung in der Bundesrepublik ist sehr schwer zu bewerten, weil seit Anfang der 70er Jahre erhebliche Fortschritte in der Analytik erzielt wurden – Ergebnisvergleiche sind daher mit Vorsicht zu genießen. Die Kieler Wissenschaftler kommen aber zum Schluß, daß der Trend nicht mehr steil nach oben geht. Die Belastungen mit DDT, Dieldrin, Lindan und Heptachlorepoxid nehmen ab, die Konzentration von HCB, PCB und β-HCH bleiben eher konstant, als daß sie eine ansteigende Tendenz aufweisen – ein erster Erfolg von Höchstmengenverordnungen und des Verbots einiger Stoffe in der Bundesrepublik.

Kostenlose Tests angeboten

Die toxikologische Bewertung des Zahlenwerks fällt nicht nur Laien schwer. Auch Experten zerbrechen sich die Köpfe, weil nur wenig Literatur zur Verfügung steht. Analysemethoden sind noch uneinheitlich, und Langzeitstudien fehlen. Ebenso

mangelt es an gesicherten Erkenntnissen über den Wirkungsmechanismus im «low level»-Bereich, im Bereich niedriger Belastung also, die nicht unmittelbar Krankheiten hervorruft. Auch der Schluß vom Tierversuch auf den Säugling mit Toleranzbereichen und Sicherheitsfaktoren wirft Probleme auf, wenn die Grundlagen ihrer Berechnung auf unterschiedlichen Annahmen beruhen. Was nützen aber Eltern Empfehlungen, wenn von Untersuchungsstelle zu Untersuchungsstelle neue Berechnungen angestellt werden und duldbare Höchstmengen zum Zahlenspiel werden?

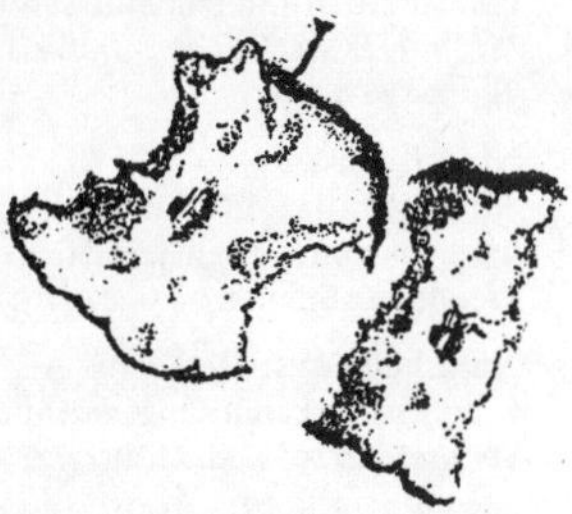

Die Kieler Wissenschaftler schließen Gesundheitsrisiken für den Säugling bei erhöhten Schadstoffwerten und einer Stilldauer von zwölf und mehr Monaten nicht aus. Da mittlerweile von vielen Gesundheits- und Lebensmitteluntersuchungsämtern in der Bundesrepublik kostenlose Muttermilchuntersuchungen durchgeführt werden, sollten Frauen diese Chance nutzen und nach 4 bis 6 Monaten eine Analyse vornehmen lassen. Erst aufgrund dieser eigenen individuellen Daten sollte über Abstillen oder Weiterstillen entschieden werden.

Kostenlose Muttermilchuntersuchungen

Baden-Württemberg
Chemische Landesuntersuchungsanstalt,
Hoffstr. 3
7500 Karlsruhe
Tel.: 0721-1353611
Chemische Landesuntersuchungsanstalt
Gerberstr. 24, 7600 Offenburg
Tel.: 0781-24034
Chemische Landesuntersuchungsanstalt
Hedingerstr. 2/1,
7480 Sigmaringen
Tel.: 07571-101470
Chemisches Untersuchungsamt
Schafflenberg 81, 7000 Stuttgart
Tel.: 0711-2161
Chemisches Untersuchungsamt
Schulberg 17, 7530 Pforzheim
Tel.: 07231-392444

Bayern
Landesuntersuchungsamt für das Gesundheitswesen Südbayern
Veterinärstr. 2
8042 Oberschleißheim
Tel. 089-315601
Landesuntersuchungsamt für das Gesundheitswesen Nordbayern
Eggenreuther Weg 43
8520 Erlangen
Tel.: 09131-6143

Berlin
Landesinstitut für Lebensmittel, Arzneimittel und Tierseuchen
Invalidenstr. 60, 1000 Berlin 21
Tel.: 030-397051

Bremen
Staatliche Chemische Untersuchungsanstalt
St. Jürgenstr., 2800 Bremen 1
Tel.: 0421-4975447

Hamburg
Chemische und Lebensmitteluntersuchungsanstalt
Marckmannstr. 129a,
2000 Hamburg 28
Tel.: 040-78964355 oder 78964316

Hessen
Staatliches Medizinal-, Lebensmittel- und Veterinäruntersuchungsamt
Marburger Str. 54, 6300 Gießen
Tel.: 0641-30060

Niedersachsen
Alle kommunalen Gesundheitsämter (zu erreichen in allen Kreisstädten und kreisfreien Städten)

Nordrhein-Westfalen
Chemisches Landesuntersuchungsamt
Sperlichstr. 19, 4400 Münster
Tel.: 0251-77930

Rheinland-Pfalz
Chemisches Untersuchungsamt
Nikolaus-von-Weis-Str. 1
6720 Speyer
Tel.: 06232-9711

Saarland
Chemisches Untersuchungsamt
Charlottenstr. 7,
6600 Saarbrücken 1
Tel.: 0681-53041

Schleswig-Holstein
Untersuchungsstelle für Umwelttoxikologie
Brunswiker Str. 16, 2300 Kiel
Tel.: 0431-5965016

Öko-Test
Muttermilchersatz

Muttermilch gehört nach wie vor zum Feinsten, was man dem Sprößling gönnen kann. Indes gibt es Fälle, wo auf muttermilchähnliche Industrieprodukte ausgewichen werden muß. Unser ÖKO-TEST ergab, daß nur sechs Fertignahrungen uneingeschränkt empfohlen werden können.

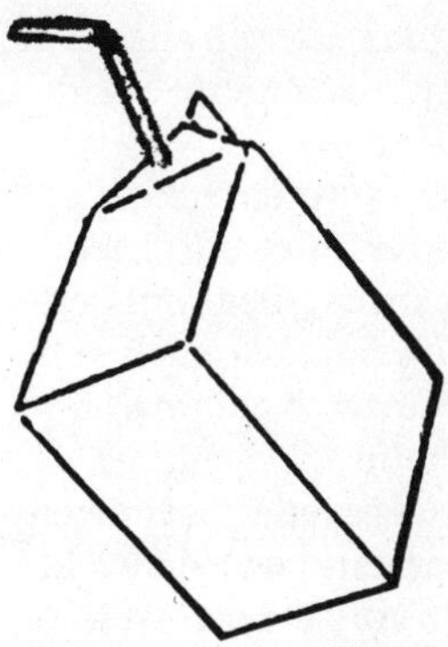

Muttermilchersatz

Muttermilch ist unersetzlich. Oder doch fast. Denn ihre Nährstoffzusammensetzung ist einmalig und auf die Bedürfnisse des Neugeborenen optimal abgestimmt.

Nun gibt es Fälle, wo aus medizinischen Gründen oder aus freier Entscheidung die Mutter auf das Stillen verzichten will. Dafür bietet die Industrie eine aus Kuhmilch gewonnene Ersatznahrung an, die – so der Anspruch – in allen wesentlichen Nähr- und Wertstoffen der Muttermilch gleicht (adaptierte Nahrung) oder ihr angenähert ist (teiladaptierte Nahrung).

Die Zusammensetzung adaptierter Milch entspricht den Ernährungsbedürfnissen des Neugeborenen, auch wenn es der Mutter manchmal anders scheint. Gelegentlich schreiend geäußertes Hungergefühl bestärkt den vielleicht ohnehin vorhandenen Verdacht, bei jenem dünnflüssigen Getränk, als das sich adaptierte Säuglingsnahrung präsentiert, könne es sich quasi nur um eine Art Basisnahrung handeln, der man am besten noch ein wenig Schleim oder andere Kohlehydrate zufügen solle. Dieser Eindruck täuscht – jedenfalls, was die ersten Lebensmonate betrifft. Da würde jede Kohlehydrat-Ergänzung zu einer Überfütterung, also zur Mast führen.

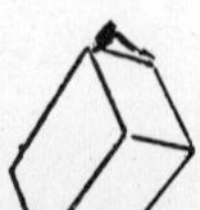

Warnung vor Wonneproppen

Anders sieht das schon zum Ende des ersten Lebenshalbjahres aus. Jetzt braucht der Kinderorganismus zusätzliche Nährstoffmengen, zum Beispiel außer Lactose zwei weitere Kohlehydrate. Etwa ab dem fünften Monat sollte deshalb auf die sogenannte teiladaptierte Fertignahrung übergegangen werden. Teiladaptiert bedeutet: Die entsprechende Milchnahrung ist bewußt nur noch teilweise an die Zusammensetzung der Muttermilch angenähert worden; die Kohlehydratmengen sind deutlich erhöht. Zugefügt werden im allgemeinen ein niedermolekulares Kohlehydrat wie Maltodextrin und ein höher molekulares, nämlich Stärke.

Die vermehrten Kohlehydratanteile sind jetzt für das Baby richtig. Aber wohlgemerkt: jetzt, im Alter von vier, fünf oder mehr Lebensmonaten. Tatsächlich werben aber nahezu alle Hersteller von Baby-Fertignahrungen damit, daß ihr jeweiliges teiladaptiertes Produkt ohne weiteres auch schon vom ersten Lebenstag an gefüttert werden könnte. Dem ist aus den schon oben angeführten Gründen deutlich zu widersprechen. Überhöhte Kohlehydratanteile und Schleim- oder Stärkezusätze sind in den ersten Monaten nicht angeraten, wollen sie nicht einen pausbäkkigen «Wonneproppen» heranziehen, der möglicherweise lebenslang mit Übergewichtsproblemen zu kämpfen haben wird.

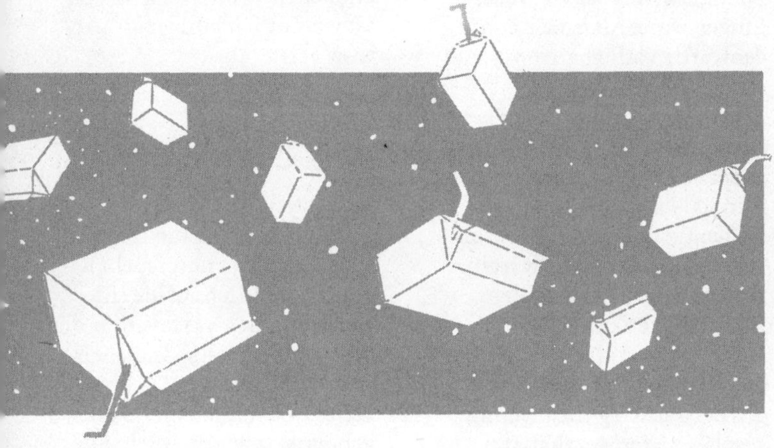

Was für die teiladaptierte Nahrung gesagt wurde, gilt in doppeltem Maße für die sogenannten «Folgemilchen». Die sind wegen ihres hohen Eiweiß- und Mineralsalzgehaltes für Neugeborene ganz und gar ungeeignet. Sie sollten frühestens ab dem sechsten Lebensmonat gefüttert werden; sie sind damit aber im Grunde auch überflüssig, denn mit adaptierter und teiladaptierter Nahrung kann etwa bis zum siebten oder achten Monat, von da ab jedoch schon mit Vollmilch gefüttert werden.

Muttermilchersatz

Von all den genannten Bestandteilen adaptierter bzw. teiladaptierter Säuglingsfertignahrung haben wir nur einen einzigen analytisch untersuchen lassen: den Zuckergehalt. Nicht, daß uns das Geld ausgegangen wäre. Aber nach den gegenwärtig verfügbaren wissenschaftlichen Erkenntnissen über die Qualität solcher Fertigprodukte können wir sagen: In bezug auf Fett-, Eiweiß- oder Mineralstoffgehalt sind von diesen Produkten keine bösen Überraschungen zu erwarten. Anders bei der Lactose, dem Hauptzuckerbestandteil.

Wir wollten wissen, 1. ob bei den adaptierten Fertignahrungen der auf den Packungen angegebene Lactosegehalt mit dem tatsächlich enthaltenen übereinstimmt; 2. ob und in welchem Umfang bei den teiladaptierten Fertignahrungen ein Teil der Lactose durch andere, minderwertige Zuckeranteile, in erster Linie Saccharose, ersetzt worden ist. Für adaptierte Fertignahrung ist die Saccharose-Verwendung übrigens verboten. Zum ersten: Beschwerden sind nicht anzumelden. Abgesehen von produktionsbedingten Schwankungen lagen die tatsächlichen Lactosemengen in der Höhe der vom Hersteller angegebenen Gehalte. Zum zweiten: Wegen des nicht zu knappen Zusatzes von Saccharose, das ist gewöhnlicher Haushaltszucker, wurden einige Produkte abgewertet. Ernährungsphysiologische Gründe, Säuglingsnahrungen Saccharose statt der hochwertigen Lactose beizugeben, gibt es nämlich nicht. Daß sie trotzdem verwendet wird, hat einen einfachen Grund: Saccharose ist wesentlich billiger als Lactose.

Weder DDT noch Cäsium

Es versteht sich von selbst, daß wir alle Produkte auf Pestizidrückstände hin untersucht haben, namentlich auf die chlorierten Kohlenwasserstoffe, die die Muttermilch so stark belasten: DDT, Lindan, Dieldrin, HCB, PCB und andere. Das Ergebnis ist sehr erfreulich: In keiner der Proben waren solche Stoffe nachweisbar. Auch eine Untersuchung auf Cäsium in der trinkfertigen Lösung verlief negativ: Jedesmal lag der Wert unterhalb von 2 Bequerel je Liter.

Um so größere Bedenken und um so überraschendere dazu gibt es allerdings in bezug auf die selbstverständlich scheinende Keimfreiheit der Babynahrung. Der Organismus des Kleinkindes ist auf pathogene Keime noch nicht vorbereitet;

Babymilch aus der Flasche

	Lactose in %	Saccharose in %	Glucose in %	Fructose in %	Keimgehalt[1]	Bewertung
Adaptierte Milchpräparate						
Hippon A; Hipp	57.4	n.n[2]	n.n	n.n.	–	empfehlensw.
Lactana A; Töpfer	52.7	n.n	0,1	n.n.	–	empfehlensw.
Pre Aptamil; Milupa	55,5	n.n.	n.n.	n.n.	–	empfehlensw.
Pre Milumil; Milupa	55,6	n.n.	n.n.	n.n.	–	empfehlensw.
Multival 2; Abbott	51,4	n.n.	0,1	n.n.	**B**	bed. empfehlensw.
Pre Aletemil; Nestlé-Alete	50.2	n.n.	0,2	n.n.	**B**	bed. empfehlensw.
Pre Aponti; Aponti	55.6	n.n.	0,1	n.n.	**B**	bed. empfehlensw.
Pre Beba; Nestlé-Alete	57,3	n.n.	0,1	n.n.	**B**	bed. empfehlensw.
Pre Humana 1; Milchwerke Westfalen	54,5	n.n.	0,1	n.n.	**A,B**	nicht empfehlensw.
Teiladaptierte Milchpräparate						
Beba HA; Nestlé-Alete	16,9	n.n.	0,3	n.n.	–	empfehlensw.
Hippon 1; Hipp	45,0	n.n.	n.n.	n.n.	–	empfehlensw.
Aletemil HA; Alete	35,0	n.n.	0,2	n.n.	**B**[4]	bed. empfehlensw.
Aptamil; Milupa	50,1	n.n.	n.n.	n.n.	**B**	bed. empfehlensw.
Beba 1; Nestlé-Alete	47,8	n.n.	n.n.	n.n.	**B**	bed. empfehlensw.
Hensel Soyakraft; Henselwerk	n.n.	7,3	5,7	n.n.	**B**	bed. empfehlensw.[3]
Humana SL; Milchwerke Westfalen	n.n.	n.n.	0,9	n.n.	**B**	bed. empfehlensw.
Humana 2; Milchwerke Westfalen	40,3	n.n.	0,2	n.n.	**B**	bed. empfehlensw.
Lactana B; Töpfer	38,3	n.n.	3,1	n.n.	**B**	bed. empfehlensw.
Milupa Som; Milupa	n.n.	n.n.	30,5	n.n.	**B**[4]	bed. empfehlensw.[3]
Multival plus; Abbot	n.n.	20,8	2,7	n.n.	**B**	bed. empfehlensw.[3]
Aletemil; Alete	29,8	**13,5**	n.n.	n.n.	**B**	nicht empfehlensw.
Aponti 1; Aponti	24,7	**19,0**	n.n.	n.n.	**B**	nicht empfehlensw.
Humana Babyfit; Milchwerke Westfalen	14,5	**18,6**	1,1	n.n.	**B**	nicht empfehlensw.
Milumil; Milupa	28,2	**13,0**	0,15	n.n.	**B**	nicht empfehlensw.
Folgemilchen						
Aponti 2; Aponti	27,1	**15,3**	n.n.	n.n.	–	bed. empfehlensw.
Beba 2; Nestlé-Alete	45,8	n.n.	n.n.	n.n.	**B**	bed. empfehlensw.
Hippon 2; Hipp	38,9	n.n.	n.n.	n.n.	**B**[4]	bed. empfehlensw.
Humana Folgemilch; Milchwerke Westfalen	34,7	n.n.	0,1	0,05	**B**	bed. empfehlensw.

1) Keimgehalt: A=Befund im Originalausstrich
B=Befund in der Boullionanreicherung
2) n.n.=nicht nachweisbar
3) Spezialprodukt für lactosefreie Ernährung
4) Nachweis von Staph. epidermidis
fett gedruckt: führt zur Abwertung
Stand: März 1988

Muttermilchersatz

Säuglingsnahrung sollte deshalb völlig keimfrei sein. Wir dachten auch, daß sie das sei. Fehlanzeige.

Schlechtestes Ergebnis unseres ÖKO-TESTS: Ausgerechnet in einer adaptierten Säuglingsnahrung, in «Pre Humana 1» von den Milchwerken Westfalen, wurden schon im Originalausstrich sogenannte aerobe Sporenbildner gefunden. Zwar sind solche Sporenbildner selbst noch nicht unbedingt gefährlich für den Kinderorganismus, allein ihr Vorhandensein aber läßt die Alarmglocke schrillen. Denn wo sie sich haben einnisten können, waren offenbar beim Hersteller die Ausgangsprodukte der Fertigmilch nicht sorgfältig genug mikrobiologisch untersucht. Und dort können sich schließlich auch andere, pathogene Keime hineinschmuggeln.

Ebenso bedenklich ist, daß nur acht Proben überhaupt keine Keimbildung aufwiesen, auch nicht nach längerer künstlicher Bebrütung. Zwar geht von den in der künstlichen Bebrütung gefundenen Keimen keine akute Gesundheitsgefährdung aus. Aber erstens gilt dies nur so lange, wie die Babynahrung sachgemäß zubereitet wird: möglichst unmittelbar vor der Fütterung; Reste dürfen auf keinen Fall aufbewahrt werden; die Zubereitung von «Tagesportionen» der Bequemlichkeit halber ist aus gleichem Grunde sehr bedenklich. Zweitens zeigt das Vorhandensein von absolut keimfreien Produkten, daß es auch anders geht.

Als kritisch aus der Reihe der Proben, die nach künstlicher Bebrütung Keime aufwiesen, müssen hervorgehoben werden die Präparate: «Hippon 2» von Hipp, «Milupa Som» von Milupa und «Aletemil HA» von Alete. Bei ihnen wurde nach der Bebrütungsphase nicht der erwähnte aerobe Sporenbildner gefunden, sondern ein Keim namens Staphylococcus epidermidis. Der Nachweis dieser Keimgruppe ist ein Hinweis darauf, daß bei den entsprechenden Produkten eine weitgehend sterile Verarbeitung, Verpackung oder Konservierung der Präparate nicht gewährleistet ist.

Öko-Test Gläschenkost

Fürs Baby nur das Beste. Gläschen voller Vitamine, Säfte ohne Zukkerzusatz, Breie ohne Bindemittel werden Müttern und Vätern für die ganz Kleinen angepriesen. Unser ÖKO-Test nahm das Angebot löffelfertiger Säfte und Breie aus Obst und Gemüse unter die Lupe.

Gläschenkost

Hühnchen mit Reis, Spinat mit Ei oder Kalbfleisch mit Karotte – was darf's denn sein? Babys Beikost-Angebot ist wahrhaftig abwechslungsreich. Auf dem Etikett präsentieren sich jeweils die gesunden Rohstoffe. Sie sollen Frische und Natürlichkeit suggerieren. Aber natürlich hat die Konservierung wichtigen Wertstoffen den Garaus gemacht. Bei 90 Grad Celsius werden die Obstprodukte pasteurisiert, bei 130 Grad die Gemüsegläschen bis zu 10 Minuten lang sterilisiert. Vitamin C und Eisen werden manchmal zugesetzt. (Einen Hinweis darauf hat der Kunde durch die Zutatenliste.)

Viele Eltern kaufen die Gläschen unhinterfragt für die tägliche Ernährung ihres Babys, teils aus Bequemlichkeit, teils aus Unsicherheit darüber, wie sie ihr Kind selbst am besten ernähren sollen. Aber auch Verbrauchergruppen, die sich

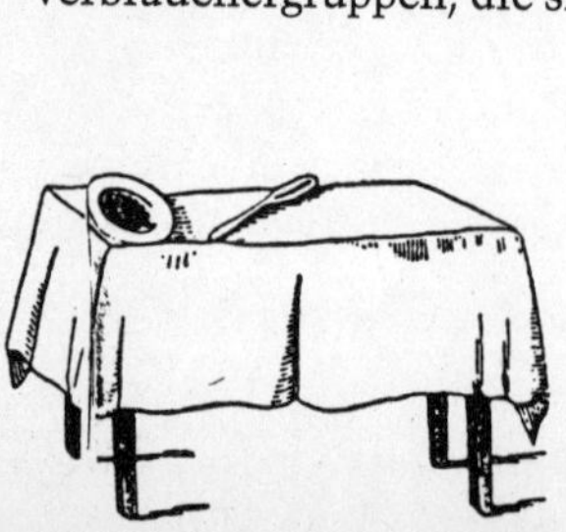

und ihr Kind im Prinzip vollwertig ernähren, greifen gelegentlich zu der Beikost, die die Industrie ihnen anbietet: zum Beispiel auf Reisen, bei Besuchen oder wenn der Babysitter einmal über Mittag einspringen muß.

Im Auftrag des Öko-Test-Magazins haben Wissenschaftler des ULF (Umwelt- und Diagnose-Labor Fulda) mehr als 80 Gläschen der Anbieter Alete, Demeter und Hipp untersucht.

Die Wissenschaftler prüften: Wieviel Zucker ist in den Gläschen? Wie hoch ist der Gehalt der Hauptnährstoffe Fett und Eiweiß? Sind genügend Vitamine und Mineralstoffe in den Zubereitungen? Gibt es Schadstoffe in den Löffelbreien? Sind sie radioaktiv belastet? Ergebnis der Analyse: Wenn auch keine der Fertigmahlzeiten der Gesundheit schadet, können wir nur wenige Produkte ohne jede Einschränkung «unbedenklich» nennen.

Die Zusammensetzung der meisten anderen Breie ist nicht hundertprozentig zu unserer Zufriedenheit: Wir bemängeln zuviel Cadmium; zuviel Salz; Zucker- oder Honigzusätze, zum Teil gar überreichlich; überflüssige Dickungsmittel; kein Eisen in Fleischprodukten – für jeden dieser kleinen Mängel gibt es einen Minuspunkt. Die meisten der Breie stufen wir daher als «weniger empfehlenswert» ein. Und sind wir bei mehr als drei Inhaltsstoffen der Menüs nicht völlig zufrieden, bewerten wir diese Produkte als «nicht empfehlenswert».

Zuckersüßes fürs Kind

Einen ersten Befund konnten die Wissenschaftler des Umwelt- und Diagnose-Labors Fulda (ULF), die die Babykost für uns untersuchten, ohne alle Laborgerätschaften beim einfachen Vorkosten der Zubereitungen feststellen: Sehr häufig schmeckten die Breie und Säfte «süßlich» oder «süß», Hipps «Frühkarotten» sogar waren «sehr süß».

Kein Wunder: 51 Zubereitungen wiesen auf ihrer Zutatenliste Zuckerzusätze aus. Diese lassen sich in der Analyse von den in Obst und Gemüse natürlicherweise enthaltenen Zuckerarten unterscheiden: Der Hauptanteil der Zuckerart Saccharose entspricht weitgehend dem süßen weißen Stoff aus der Zuckerdose. Bei manchen Produkten haben die Hersteller Glucose (Traubenzucker) oder Honig zugesetzt.

Spitzenreiter der süßen Sachen war Hipps «Früchte-Dessert», das je Kilogramm 83 Gramm Saccharose enthielt, also fast 28 Stückchen Würfelzucker. Nur knapp dahinter lagen

- Aletes «Banane mit Mandarine und Birne»; 75 Gramm oder 25 Würfel;
- Hipps «Äpfel mit Bananen»; 68 Gramm oder fast 23 Stückchen Zucker;
- Aletes «Aprikosen mit Birnen», ein Produkt, das auf dem Etikett als «zuckerreduziert» angepriesen wird, hatte 65 Gramm pro Kilogramm Zucker oder etwa 22 Würfel.

Selbst bei den Gemüsebreien wird in die Zuckerdose gegriffen: Sie enthielten bis zu 60 Gramm / Kilo Saccharose.

«Zucker ist nur ein leerer Kalorienträger, der keine wertvollen Begleitstoffe wie Spurenelemente, Vitamine und Mineralstoffe liefert», kritisiert Mathilde Kersting, Ernährungswissenschaftlerin am Dortmunder «Forschungsinstitut für Kinderernährung», die völlig überflüssigen Saccharosezusätze. Zucker ist überdies bekannt als Vitamin-B1-Räuber. Das Institut hat als Information für Mütter und Väter «Leitsätze zur Säuglingsernährung» erarbeitet. Dort heißt es ohne Wenn und Aber: «Früchte oder Obst in pürierter Form (Mus) sollten stets ungezuckert sein.» Daß jemand selbst Gemüse süßt, auf diese Idee sind die Autoren der Leitsätze nicht gekommen.

Doch die Industrie verteidigt ihre Zuckerstrategie. «Wir setzen den Zucker so restriktiv wie möglich ein», behauptet Martin Kiermaier von Alete, «es geht hier nur um den Ausgleich der natürlichen Schwankungen, damit das Produkt genießbarer wird.» Nicht viel anders sieht es Helene Steinhausen-Kibler von Hipp. «Zukker ist ein sehr problematisches Thema», gibt sie zwar zu, «er erfordert ein überdachtes Ernährungsverhalten, beispielsweise keine dauernden süßen Zwischenmahlzeiten.» Doch völlig ohne Zuckerzusätze geht es ihrer Meinung nach nicht, «wenn Sie ein harmonisches Zucker-Säure-Verhältnis haben wollen. Aprikosen sind so knirresauer, da muß Zucker dazu. Das sind Würzzusätze.»

Dagegen Ernährungsexpertin Mathilde Kersting: «Schon die Säuglinge sollten an natürliche Geschmacksrichtungen gewöhnt werden.» Das heißt nicht immer nur einheitlich süße Kost. Denn damit wird der Geschmack des Kindes in falsche Bahnen gelenkt, der spätere Wunsch nach Süßigkeiten quasi schon im Säuglingsalter geweckt. Da macht es keinen Unterschied, ob die Süße als Frucht- oder als Industriezukker zugesetzt wurde. Daher sind Hipps «Früh-Karotten» (54 Gramm / Kilogramm Glucose) und Aletes «Milder Karotten-Trank» (43 Gramm) nicht etwa gesünder, auch wenn mit dem Zusatz von Traubenzucker geworben wird.

Auch Demeter schneidet mit seinen süßen Produkten nicht gut ab. Zwar wird dort mit Honig gesüßt, der wesentlich gehaltvoller ist als die künstlich isolierten raffinierten Süßstoffe. Jedoch führt die kräftige Honigbeigabe genauso zu einer unerwünschten Übersüßung.

Es geht auch anders. Die Mitarbeiter des ULF verglichen eine selbstzubereitete Apfel-Bananen-Mischung mit dem entsprechenden Produkt von Hipp. Der selbstzubereitete

Brei enthielt nur ein Siebzigstel der Saccharose des Industrieprodukts; nämlich gerade ein Zehntel Prozent.

Da nach unserer Meinung Zuckerzusätze in Säuglingssäften und -breien völlig überflüssig sind, haben zusätzlicher Zucker, Traubenzucker oder Honig bei unserer Bewertung grundsätzlich zu einer Herabstufung geführt. Auch wenn die Zubereitungen ansonsten in Ordnung waren, konnten sie nur das Prädikat «weniger empfehlenswert» bekommen. Diese Bewertung erhielten auch alle Produkte, die durch die Auswahl sehr süßer Früchte insgesamt (also auch durch natürlichen Fruchtzucker) mehr als 100 Gramm Gesamtzucker je Kilogramm enthielten. Irmhild von Kürten, Ernährungswissenschaftlerin des ULF, weist darauf hin, daß man bei hausgemachten Obstspeisen für die Kleinsten unter diesem Wert bleiben sollte.

Gesalzene Speise

Nicht nur zuviel Zucker, auch zuviel Salz (chemisch: Natriumchlorid) ist schädlich. Es belastet die Nieren und führt langfristig zu überhöhtem Blutdruck. Besonders für Babys und kleine Kinder ist die ständige Überdosierung gefährlich, denn sie sind noch kaum fähig, überschüssiges Salz mit dem Urin auszuscheiden.

Eine schädliche Wirkung wird vor allem dann beobachtet, wenn dem Körper mit dem Essen von dem einen Bestandteil des Salzes, dem Natrium, zuviel im Verhältnis zu dem Mineralstoff Kalium zugeführt wird. Die Deutsche Gesellschaft für Ernährung (DGE) hält ein Kalium-Natrium-Verhältnis von etwa drei zu eins für empfehlenswert. Daher haben wir in unserer Beurteilung die Zubereitungen schlechter bewertet, die ungefähr gleich viel oder sogar mehr Natrium als Kalium enthielten. Diese negative Bewertung wurde noch verstärkt, wenn der Gehalt des anderen Salzbestandteils, des Chlorids, absolut betrachtet zu hoch lag.

Eine Abwertung mußten demnach alle Fleisch-Gemüse-

Menüs für Babys ab der sechsten Woche

Von den Herstellern empfohlen ab 6. Woche

	Zucker	Eiweiß	Saccharose	Fett
	Hauptnährstoffe			
Karottenbrei				
Alete Karotten	64	46	5,0	·
Hipp Karotten	68	56	6,9	16
Demeter Karottenpüree	92	44	6,6	·
Hipp Früh-Karotten mit Traubenzucker	100	41	8,3	·
Alete Frühkarotten	130	81	6,9	·
Karottensaft				
Hipp Reiner Karotten-Trank	63	26	3.1	·
Demeter Karottensaft	67	44	6,9	·
Alete Milder Karottentrank mit Traubenzucker	69	19	4,8	·
Obstbrei				
Hipp Äpfel mit Bananen	126	68	3,8	·
Obstsaft				
Alete Birnen-Karotten-Saft	76	11	·	·
Alete Vitamin-C-Saft	96	26	·	·
Hipp Orange und Maracuja in Apfelsaft	96	12	·	·
Alete Orangen-Bananen in Apfelsaft	**104**	19	·	·
Hipp Vitamin-C-Saft mit Banane, Mehrfrucht mit Fruchtmark	**105**	25	·	·
Alete Früchtesaft, eisenhaltig	**105**	11	·	·
Hipp Südfrüchte-Trank ohne Zuckerzusatz	**107**	21	·	·
Hipp Multivitamin-Mehrfruchtsaft mit Bananen und Karotten	**110**	29	·	·
Hipp Roter Früchte-Trank m. wichtigem Eisen	113	20	·	·
Hipp Pfirsich-Ananas-Trank	117	34	·	·
Hipp Aprikosen-Trank	118	28	·	·
Alete Milder Traubensaft	**157**	0,2	·	·

Von den Herstellern empfohlen ab 9. Woche

	Zucker	Eiweiß	Saccharose	Fett
Obstbrei				
Alete Pfirsiche, Ananas, Apfel und Reis	**113**	21	·	·
Alete Erdbeere in Apfel, zuckerreduziert	128	44	·	·
Hipp Ananas	130	59	·	·
Hipp Früchte-Dessert	138	83	·	·
Alete Banane mit Mandarine und Birne	144	75	·	·
Alete Aprikosen mit Birne, zuckerreduziert	151	65	·	·
Hipp Heidelbeeren in Apfel-Kompott	163	45	·	·

Fett gedruckt: führt zur Abwertung   ·: nicht untersucht   –: nicht nachweisbar   Z: Zucker

alium	Natrium	Chloride	Calcium	Eisen	Vitamin C	Nitrat	Blei	Cadmium	Radioaktivität	Zusätze	Bewertung
	Mineralstoffe					Schadstoffe					
30	326	473	218	6,1	231	40	–	14	–	Z	w.e.
17	408	232	234	7,6	12	46	–	12	–	Z	w.e.
96	**752**	356	233	27,0	90	46	–	15	–	–	w.e.
43	295	366	229	9,7	47	30	–	23	–	Z	w.e.
82	303	66	211	4,0	348	67	–	9	–	Z	w.e.
61	196	187	105	3,9	70	44	–	10	–	Z	w.e.
26	**733**	204	171	13,9	34	33	–	6	–	–	w.e.
15	335	322	100	6,2	72	36	–	13	–	Z	w.e.
21	142	138	66	2,8	818	56	–	8	–	Z	w.e.
69	126	38	122	10,8	78	28	33	7	–	–	u.
77	118	42	97	3,3	780	36	–	–	–	–	u.
73	142	97	87	6,8	59	67	14	1	–	–	u.
33	139	118	82	9,5	136	99	–	–	–	–	w.e.
53	163	121	80	13,0	994	42	14	1	–	–	w.e.
21	134	50	109	33,8	7	54	16	1	–	–	w.e.
79	105	78	115	13,6	682	37	16	–	–	–	w.e.
48	111	157	101	5,0	499	70	–	2	–	–	w.e.
17	99	15	72	20,4	329	48	–	1	–	Z	w.e.
29	68	118	51	2,0	637	40	–	–	–	Z	w.e.
04	119	135	69	3,3	1797	49	28	–	–	Z	w.e.
59	120	11	109	27,1	17	56	17	–	–	–	w.e.
77	360	39	93	12,3	274	18	27	–	–	–	w.e.
782	215	–	74	8,5	178	24	–	3	–	Z	w.e.
177	175	55	85	8,0	543	28	–	5	–	Z	w.e.
370	195	74	80	12,2	766	18	–	–	–	Z	w.e.
940	235	204	103	7,5	436	56	11	3	–	Z	w.e.
639	256	19	94	10,2	485	23	–	–	–	Z	w.e.
370	222	17	54	8,9	677	46	17	2	5	Z	w.e.

w. e.: weniger empfehlenswert u.: unbedenklich Stand: März 1988

Menüs für Babys ab der sechsten Woche

Von den Herstellern empfohlen ab 6. Woche

	Zucker	Eiweiß	Saccharose	Fett	Linols
	Hauptnährstoffe				
Gemüsebrei					
Hipp Rahm-Gemüse	25	20	11	21	4,6
Alete feines Gemüse-Allerlei	35	20	7,5	20	46
Hipp Zartes Gartengemüse	36	32	15	22	4,6
Alete Zartes Gartengemüse	41	33	14	19	40
Hipp Gemüse-Allerlei	41	32	9.3	13	4,2
Muttermilch	70	(Lact.)	11	40	13,2
	g/kg	g/kg	g/kg	g/kg	g/100g Fett

Menüs für Babys ab dem dritten Monat

Von den Herstellern empfohlen ab 3. Monat

	Zucker	Eiweiß	Saccharose	Fett	Linolsäure	K
	Hauptnährstoffe					
Obst-Brei						
Demeter Karotten mit Apfel	59	15	7	·	·	90
Demeter Birne und Apfel mit Haferflocken	**92**	3	15	·	·	76
Demeter Apfel mit Naturreis	**101**	3	8	·	·	**54**
Gemüsebrei						
Demeter Karotten mit Erbsen	40	18	20	·	·	148
Demeter Gemüseallerlei	45	19	13	·	·	147

Von den Herstellern empfohlen ab 4. Monat

	Zucker	Eiweiß	Saccharose	Fett	Linolsäure	K
Obst-Getreide-Brei						
Demeter Weizenvollgrieß mit Kirsch und Apfel	**91**	3	16	·	2	83
Demeter Apfel mit Heidelbeersaft und Flockenmischung	**98**	5	9	·	·	55
Gemüsebrei						
Hipp Rahm-Spinat mit Kartoffeln, mit Vitamin C	20	20	25	33	21	137
Hipp Karotten mit Eigelb	**69**	60	15	·	17	182
Alete Rahm-Spinat	21	19	21	26	3	192
Gemüse-Fleisch-Brei						
Alete Rindfleisch in Spinat, Kartoffelbrei	10	9	35	31	30	117
Alete Geflügel in Karotten und Reis	21	19	42	26	41	143
Alete Jungrind-Leber in Gemüse, Kartoffelpüree	19	13	32	42	40	124
Hipp Schinkennudeln mit Gemüse	30	23	32	8	16	190

Kalium	Natrium	Chloride	Calcium	Eisen	Vitamin C	Nitrat	Blei	Cadmium	Radioaktivität	Zusätze	Bewertung
Mineralstoffe						Schadstoffe					
227	182	210	318	3,6	22	25	–	5	–	Z	w.e.
034	394	355	207	9,8	71	44	–	17	–	Z	w.e.
628	241	216	637	9,7	19	36	15	19	–	Z	w.e.
214	332	468	321	8,9	9	26	–	21	–	Z	w.e.
096	418	424	292	14,6	14	27	–	15	–	Z	w.e.
630	160	400	310	0,29	440	–	–	–	–		
/kg	mg/kg	mg/kg	mg/kg	mg/kg	mg/kg	mg/kg	µg/kg	µg/kg	Bq/kg		

Natrium	Chloride	Calcium	Eisen	Vitamin C	Vitamin E	Nitrat	Blei	Cadmium	Radioaktivität	Zusätze	Bewertung
Mineralstoffe				Vitamine		Schadstoffe					
338	–	225	5	8	·	19	37	7	–	**H**	w.e.
102	49	122	2	10	·	41	11	1	–	**H**	w.e.
890	–	49	2	·	·	27	30	–	–	**H**	w.e.
461	41	292	5	10	·	31	13	3	–	–	unbed.
452	100	452	5	7	·	13	23	5	–	–	unbed.
111	101	244	–	2	·	16	19	4	–	**H**	w.e.
139	36	102	4	11	·	20	37	–	–	**H**	w.e.
141	69	268	14	216	10	44	48	**52**	–	**Z**	w.e.
738	**1309**	293	5	1	34	36	14	25	–	**Z**	w.e.
608	**998**	806	5	11	·	9	9	**49**	–	**Z**	w.e.
747	**1075**	576	43	4	40	27	23	15	–	–	w.e.
807	**1255**	215	23	13	–	22	–	2	–	–	w.e.
902	**1556**	226	9	80	21	9	38	22	–	–	w.e.
630	**1001**	214	3	6	110	11	15	12	–	**Z**	w.e.

Menüs für Babys ab dem dritten Monat

	Zucker	Eiweiß	Saccharose	Fett	Linolsäure	Kali
Von den Herstellern empfohlen ab 3. Monat						
	Hauptnährstoffe					
Hipp Kalbfleisch in feinem Gemüse und Kartoffeln	28	24	35	24	6	1720
Alete Kalbfleisch in Gemüse, Spaghetti	29	23	32	30	36	1274
Hipp Kalbfleisch im Rahmgemüse und Kartoffeln	10	8	41	46	29	1410
Alete Hühnchen in Gemüse, Eiernudeln	18	16	34	31	25	**819**
Hipp Kalbfleisch Menü	26	13	32	22	35	**798**
Hipp Rindfleisch in Gartengemüse und Kartoffeln	31	29	36	26	32	**1063**
Hipp Feines Hühnchen Menü	22	20	34	51	12	**979**
Hipp Rindfleisch in Tomatenreis	29	25	31	11	49	**934**
Hipp Leber in Karotten und Äpfeln	62	38	26	21	53	1708
Hipp Hühnchen in zartem Gemüse und Kartoffeln	19	16	33	32	28	1370
Fleischbrei						
Hipp Rindfleisch-Zubereitung, püriert	1	1	76	32	48	**1242**
Hipp Kalbfleisch-Zubereitung, püriert	3	2	77	61	43	**1437**
Von den Herstellern empfohlen ab 8. Monat						
Obst-Zubereitung						
Hipp Obstsalat mit Vanillecreme	**133**	71	14	11	·	1311
Demeter Birne und Apfel mit Vierkornflocken	**142**	41	9	–	–	749
Hipp Früchte-Salat, reich an Vitamin C	**146**	61	4	–	·	720
Hipp Birnen-Schoko-Dessert	**148**	62	7	16	3	629
Gemüse-Zubereitungen						
Demeter Gemüse mit Gerstenflocken in Rahm-Kräutersoße	24	10	10	22	4	1515
Demeter Rahmspinat mit Naturreis	8	4	19	23	6	1877
Demeter Mangold mit Rahm und Weizenflocken	26	9	15	23	4	1861
Hipp Karotten mit Butter	**60**	50	11	·	4	2284
Alete Karotten mit Butter	**63**	32	10	·	7	1823
Fleisch-Zubereitungen						
Alete Schinken in Gemüse-Allerlei	15	11	37	38	29	**921**
Alete Zartes Schweinefleisch in Gemüse und Nudeln	20	17	41	37	5	**1274**
Alete Hühnchen in Karottengemüse	21	16	35	31	23	**918**
Alete Geflügel in Gemüse und Reis	25	22	34	34	5	**1417**
Alete Kalbfleisch in Gartengemüse, Reis	26	20	30	34	21	**1046**
Alete Rindfleisch in Karotten, Spaghetti	22	20	32	32	12	**1345**
Alete Rindfleisch in Tomatenreis	32	15	38	25	23	**1335**
Hipp Hühnchen in Reis und Gemüse	15	12	32	41	27	**932**
Hipp Kalbfleisch in Gemüse und Reis	25	22	36	40	7	**1264**
Hipp Rindfleisch in Gemüse und Kartoffeln	14	12	40	27	8	**1111**
Hipp Zartes Schweinefleisch in Gemüse, Reis	16	14	24	8	6	**541**
Hipp Schinken in Gemüse-Allerlei und Eiernudeln	16	14	50	33	8	**821**
Hipp Junior-Menü mit Kalbfleisch und Gartengemüse	22	20	37	32	3	**1146**
Hipp Hühnchen in Tomaten und Kartoffeln	25	17	31	43	16	**1081**
Hipp Rindfleisch in Tomaten und Eiernudeln	26	16	36	29	32	**1024**
	g/kg	g/kg	g/kg	g/kg	g/100g Fett	mg/kg

I: Johannisbrotkernmehl   S: Stärke   Stand: März 1988

Natrium	Chloride	Calcium	Eisen	Vitamin C	Vitamin E	Nitrat	Blei	Cadmium	Radioaktivität	Zusätze	Bewertung
Mineralstoffe				**Vitamine**		**Schadstoffe**					
740	**1005**	262	3	25	·	20	–	13	–	**Z**	w. e.
661	**1044**	208	23	7	44	18	17	9	–	–	w. e.
823	**1258**	259	5	12	50	15	10	16	–	–	w. e.
819	**1232**	176	23	9	14	10	–	3	–	–	w. e.
698	**991**	150	2	16	–	6	–	4	–	**Z**	w. e.
956	**1165**	181	4	39	87	16	10	–	–	**Z**	w. e.
784	**1210**	480	2	3	–	14	9	6	–	**Z**	w. e.
726	**1208**	52	2	6	153	8	–	2	–	**Z**	w. e.
904	**1256**	211	6	18	63	14	35	**37**	–	**Z**	w. e.
880	**1144**	352	2	9	11	18	8	**52**	–	**Z**	w. e.
355	**2180**	57	5	5	47	5	–	8	–	–	w. e.
557	**2433**	252	2	10	39	6	–	–	–	–	w. e.
131	240	227	4	789	·	21	13	9	–	**s, Z**	w. e.
72	90	111	3	37	·	20	10	–	5,3	**H**	w. e.
77	149	63	–	735	·	23	7	10	–	**s, Z**	w. e.
105	137	115	–	861	·	30	20	3	–	**s, Z**	w. e.
325	149	292	4	44	·	19	–	2	–	–	unbed.
197	250	711	8	77	20	7	13	**35**	–	–	w. e.
438	412	471	24	61	·	6	22	**92**	–	–	w. e.
805	**2085**	291	5	20	·	24	–	20	–	**Z**	w. e.
1253	**2457**	273	–	2	–	66	–	3	–	**Z**	w. e.
474	**2321**	221	22	5	–	12	–	2	–	–	w. e.
372	**2276**	372	16	15	28	11	–	5	–	–	w. e.
427	**1982**	265	20	17	–	20	–	9	–	–	w. e.
417	**2351**	170	21	8	–	12	–	7	–	–	w. e.
308	**2051**	157	16	8	34	13	–	24	–	–	w. e.
446	**2179**	196	22	6	–	8	–	2	–	–	w. e.
431	**2346**	143	25	25	270	11	–	9	–	–	w. e.
399	**2427**	289	–	90	21	7	–	2	–	**Z**	n. e.
458	**3257**	301	–	4	·	9	–	4	3,0	**Z**	n. e.
661	**2629**	226	5	35	·	7	–	1	–	**I, Z**	n. e.
408	**2384**	119	–	36	–	8	–	1	–	**I, Z**	n. e.
641	**2820**	267	–	7	·	9	–	–	–	**I, Z**	n. e.
719	**2640**	286	–	4	·	6	–	1	8,3	**I, Z**	n. e.
573	**2637**	305	–	39	·	8	–	2	–	**I, Z**	n. e.
434	**2551**	82	4	4	38	7	–	2	–	**I, Z**	n. e.
g/kg	mg/kg	mg/kg	mg/kg	mg/kg	mg/kg	mg/kg	µg/kg	µg/kg	Bq/kg		

tt gedruckt: führt zur Abwertung ·: nicht untersucht –: nicht nachweisbar Z: Zucker H: Honig

Zubereitungen erfahren, die ab dem vierten bzw. achten Lebensmonat angeboten werden. Einige reine Gemüse-Zubereitungen hielten sich immerhin im Rahmen. Es versöhnt nur wenig, daß die Hersteller wenigstens bei den Produkten für Neugeborene (ab 6. Woche) auf den Griff ins Salzfaß verzichtet haben.

Ungeklärt blieb, wie es zu den sehr hohen Natrium-Werten bei einigen Produkten von Demeter gekommen ist. Ralph Philipps von der Firma Sunval, die die Demeter-Gläschen herstellt, bekräftigt, daß nicht gesalzen wurde. Wir meinen dennoch abwerten zu müssen, weil de facto ein Risiko für die Säuglinge besteht.

Klaus Knopf von Alete verteidigt den hohen Salzgehalt. Er hält die DGE-Empfehlungen für fragwürdig. Der Wert der empfohlenen Salzzufuhr mache vom zwölften zum dreizehnten Lebensmonat einen Sprung von 300 auf 2000 Milligramm je Tag; besser sei es, die Salzzufuhr gleichmäßig zu steigern. Und würde Alete die Gläschenkost mit weniger Salz abschmecken, «dann salzen die Mütter nach! Da ist es besser, etwas mehr Salz zu nehmen, und dafür die Mütter aufzufordern, nicht nachzusalzen.» Frau Steinhausen-Kibler von der Firma Hipp meint zum Salzproblem: «Man darf nicht nur das Einzelprodukt betrachten, sondern muß den Ernährungsplan jeweils eines ganzen Tages oder besser noch einer Woche bewerten.» Da würden sich dann hohe und niedrige Werte ausgleichen. Schön, wenn es so wäre. Aber leider zeigte sich eine ungünstige Kalium-Natrium-Relation bei den meisten Gemüse-Fleisch-Produkten der Firma Hipp, die für Babys ab dem achten Monat deklariert waren.

Keineswegs «ausgewogen»

Kritisch sieht das ULF die Schwankungsbreite einiger wichtiger Nähr- und Gehaltsstoffe in den Gläschen: Fett, Linolsäure, Eiweiß, Calcium, Eisen und Vitamin C. Sie fürchten, daß es zu Unterversorgungen kommt, wenn die Eltern den Speiseplan ihres Kindes nicht abwechslungsreich genug gestalten. Auch viele Eltern dürften von den Ergebnissen enttäuscht sein, denn sie haben darauf vertraut, daß die Babykost-Hersteller besser als sie selbst in der Lage sind, durch geeignete Mischung der Rohstoffe oder auch künstliche Anreicherung ein ausgewogenes Verhältnis zu schaffen.

Weil die Werte jedoch den natürlichen Schwankungsbreiten von Lebensmitteln entsprechen und wir nicht unbedingt einer künstlichen Mineralisierung und Vitaminisierung das Wort reden wollen, haben wir auf eine prinzipielle Wertung verzichtet. Wir fühlten uns allerdings zur Abwertung genötigt, wenn eine Fleisch-Gemüse-Zubereitung weniger als 2 mg Eisen pro Kilo enthielt, weil viele Eltern wegen des leicht verwertbaren Eisens im Fleisch zu diesen Produkten greifen.

Als völlig überflüssig bewerten die von uns befragten Wissenschaftler am ULF den Zusatz von Bindemitteln – Stärke und Johannisbrotkernmehl – zu einigen Hipp-Produkten. Zwar sind diese Mittel zum Andicken gesetzlich zugelassen, doch möglicherweise seien sie, so Friedhelm Diel, eine der Ursachen für die zunehmende Zahl von Allergien bei Kindern. Bei sechs Produkten der Firma wird Johannisbrotkernmehl zum Binden verwendet. Dieser Stoff kann, kriegt der Säugling zuviel davon, die Aufnahme wichtiger Mineralstoffe (u. a. Eisen und Calcium) beeinträchtigen.

Hipp-Sprecherin Steinhausen-Kibler hält die Dickungsmittel aus technologischen Gründen für notwendig. Die Breie ließen sich sonst gar nicht industriell verarbeiten. Allerdings hat Hipp auch einige Produkte ohne Bindemittel im Angebot; Alete und Demeter verzichten völlig auf Dickungsmittel.

Cadmiumwerte steigen

Unerfreulichstes Ergebnis dieses ÖKO-TESTS: Die Belastung mit dem giftigen Schwermetall Cadmium steigt. Vor etwa drei Jahren hatte die österreichische Verbraucherzeitschrift «Konsument» 50 Gläschen-Produkte untersuchen lassen. Sie hatte dabei in einem Kilogramm Babykost höchstens 58 Mikrogramm des Nierengiftes Cadmium gefunden. Dagegen fanden die Wissenschaftler des ULF jetzt 92 Mikrogramm pro Kilo: im Demeter «Mangold mit Rahm und Weizenflocken» und im Hipp «Rahmspinat mit Kartoffeln» 52 Mikrogramm.

Läßt sich ein Baby brav den Spinat oder Mangold eines ganzen Gläschens einlöffeln, hat es nahezu 20 Mikrogramm des Umweltgiftes aufgenommen. Das ist – bei einem Körpergewicht von etwa zehn Kilogramm – fast ein Drittel der Cadmiummenge (je Kilogramm Körpergewicht), deren Aufnahme laut Weltgesundheitsorganisation WHO für Erwachsene bedenklich ist. Einen eigenen Grenzwert für Kinder und Kleinkinder gibt es nicht. Gerade im Babyalter nimmt die Niere besonders stark Cadmium auf. Da außer der Gläschenkost auch andere Nahrungsmittel durch das Schwermetall verunreinigt sein können, befürchten die Wissenschaftler des ULF, daß es unter Umständen zu einer bedenklich hohen Cadmiumbelastung der kleinen Kinder kommen kann. Wir haben daher die Fertigmahlzeiten, die mehr als 30 Mikrogramm je Kilogramm dieses Schwermetalls enthielten, als «weniger empfehlenswert» eingestuft.

Ralph Philipps von der Firma Sunval (Demeter-Babykost) beteuert, die Cadmiumbelastung ganz gerne verringern zu wollen. Mangold von anderen Anbauflächen sei womöglich weniger belastet. Doch da die Demeter-Firmen grundsätzlich nur Früchte und Gemüse aus biologisch-dynamischem Anbau verwendeten, kann Philipps nicht einfach den Lieferanten wechseln: «Es gibt zuwenig Bauern, die so wirtschaften.»

Die Wissenschaftler des ULF haben noch einem zweiten gefährlichen Schwermetall nachgespürt: dem Blei. Diese Analyseergebnisse sind erfreulicher: In fast der Hälfte der Produkte – in 22 von 50 – war überhaupt kein Blei festzustellen. Den höchsten Wert fanden die Chemiker im Hipp «Rahm-Spinat mit Kartoffeln» mit 48 Mikrogramm. Doch das ist kein bedrohlicher Wert. Selbst wenn ein Kind täglich ein Gläschen dieses Spinats löffeln würde, nähme es in einer Woche gerade etwas mehr als ein Zehntel der Bleimenge zu sich, die die Weltgesundheitsorganisation für gefährlich hält. «Damit zeigt sich», so das ULF, «daß in den letzten Jahren die Bleibelastung gesunken ist.»

Gemessen am stetig steigenden Nitratgehalt in Obst und Gemüse, nehmen sich unsere Testergebnisse relativ günstig aus. Bei den meisten Gemüsen im Handel liegen die Werte um das 10- bis 100fache höher! Das an sich ungiftige Nitrat, mit dem Landwirte alljährlich ihre Felder überdüngen, gefährdet die Gesundheit, wenn es sich durch Bakterieneinwirkung zu Nitrit reduziert. Nitrit behindert den Sauerstofftransport im Blut, was – speziell bei Säuglingen – zur lebensbedrohenden «Blausucht» führen kann. Auch geringe Mengen an Nitrit können gefährlich werden, wenn sie sich während des Verdauungsprozesses in karzinogene Nitrosamine umwandeln.

Nach der für Babykost geltenden Diät-Verordnung des Bundes dürfen im Kilogramm Nahrung nicht mehr als 250 mg Nitrat enthalten sein. Dieser Wert wurde von allen untersuchten Gläschen weit unterschritten. Von daher haben wir nirgendwo eine Abwertung vornehmen müssen. Wir möchten aber darauf hinweisen, daß die WHO einen strengeren Grenzwert vorsieht (der allerdings für Erwachsene gelten soll). Demnach beträgt der empfohlene tägliche Aufnahmewert (ADI) maximal 5 mg Nitrat pro kg Körpergewicht. Auf das Durchschnittsgewicht eines sieben bis acht Monate alten Babys von 7 bis 9 kg umgerechnet, beliefe sich der ADI-

Wert auf 35 bis 45 mg. In einem Gläschen von 210 g Alete: «Karotten mit Butter» befinden sich schon 14 mg Nitrat (nämlich 66 mg/kg). Das ist ein Drittel bis über die Hälfte des oben berechneten Tageswerts. Kommt ein vielerorts belastetes Trinkwasser und eine nitratreiche Obstmahlzeit hinzu, geraten die Kinder womöglich über die kritische Grenze.

Noch ungünstiger sieht die Situation für jüngere Babys aus, deren Eltern den Empfehlungen der Hersteller folgen und ganze Gläschen Gemüse oder Obst im ersten Lebens-Halbjahr zufüttern. Kurioserweise liegen die Nitrat-Werte bei dieser Gläschenkost höher als bei jener für ältere Kinder.

Gläschenkost

Ob durch den GAU von Tschernobyl belastetes Obst und Gemüse für die Babykost verwendet wurde, sollte unser ÖKO-TEST außerdem zeigen. Erfreuliches Ergebnis: In 94 Prozent aller Proben war überhaupt kein radioaktives Cäsium nachweisbar. Und der «Spitzenwert» lag bei 8,3 Becquerel pro Kilo. Auch kritische Wissenschaftler und Ärzte halten diesen Wert für noch akzeptabel.

Kritisch anzumerken bleibt, daß im allgemeinen Eltern viel zu früh Beikost füttern, woran die Hersteller von Babynahrung mit solch irreführenden Aufdrucken wie «ab 6. Woche» auf Säften und Obstbreien oder «ab 4. Monat» auf Gemüsemahlzeiten durchaus mitschuldig sind. Tatsächlich braucht ein Säugling sechs Monate lang nichts anderes als Muttermilch. Beikost aller Art führt eher zu ungesunden Überdosen an Mineralien und Vitaminen. Das gleiche gilt für Säuglinge, die mit adaptierter oder teiladaptierter Fertigmilch ernährt werden. Nur wenn Eltern es vorziehen, die Nahrung aus Frischmilch zuzubereiten, benötigen sie löffelweise Obst- und Gemüsegaben, um den Vitamin-A- und Vitamin-C-Mangel der Kuhmilch auszugleichen. Darüber hinaus kann man während des sechsten Monats das Kind löffelweise an die neue Kost gewöhnen.

Öko-Test Babytees

Vor Jahren sorgten gesüßte Baby-Fertigtees für Schlagzeilen. Was ist aus den Kariesmachern von gestern geworden? Ein ÖKO-TEST.

Babytees

Klaus Knopf von der Firma Nestlé-Alete seufzt. «Warum wird immer nur mit dem Finger auf die Hersteller gezeigt? Die Öffentlichkeit könnte doch auch mal ein Wort gegen die Mütter sagen, die ihre Kinder mit Tees stillhalten, statt sich mit ihnen zu beschäftigen.»

Alete ist mit vier Fertigtee-Produkten in unserem Test vertreten; nicht einem davon geben wir die Note «empfehlenswert». Der Grund: Alle vier enthalten in nicht unerheblichen Mengen Zucker. Kariesgefahr für die Kleinsten. Alete steht da nicht allein. Nur sechs von 23 Fertigtee-Produkten passierten unsere zugegeben harten Bewertungsmaßstäbe.

Mal steht es in verschämter Schmalschrift, mal fett gedruckt auf dem Etikett: «Halten Sie das Fläschchen stets selbst.» Oder: «Ständiges Umspülen der Zähne kann Karies verursachen.» Die Fertigtee-Produzenten wissen, wo der Hase im Pfeffer liegt. Und probieren es außer mit solch umständlicher Elternwarnung auch gern einmal mit diskreter Täuschung. «Nicht süß» heißt es auf zwei Alete-Produkten, die unserer Prüfung nicht standhielten. «Haben Sie es mal probiert?» fragt Klaus Knopf. Haben wir nicht und interessiert uns auch nicht. Denn unsere Frage war nicht ob die so gekennzeichneten Tees – der *Alete Baby-Fencheltee ab der 1. Woche* und der *Alete Baby-Kräutertee*, ebenfalls für die Allerkleinsten – süß schmecken, sondern wieviel Zucker sie enthalten und ob sie damit Karies auslösen.

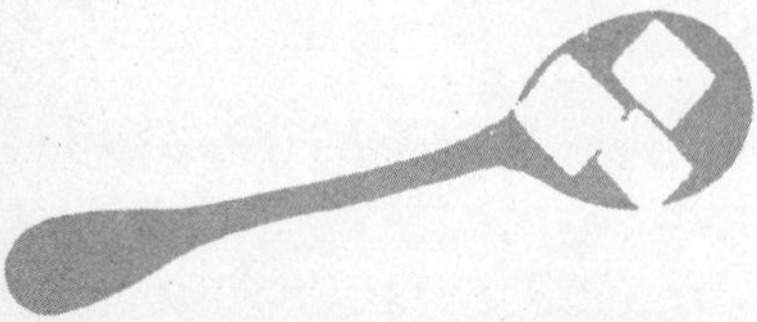

Alles ist Zucker

Nicht nur die genannten Alete-Produkte bestehen zu 91 bis 96 Prozent aus dem süßen Stoff, der sich freilich auf der Zutatenliste nicht immer laienverständlich offenbart. Den Uneingeweihten täuschen so freundlich klingende Bezeichnungen wie «Dextrose» oder «Maltose» darüber hinweg, daß es sich bei den beiden Zutaten um Trauben- bzw. Malzzucker handelt, Zuckerstoffe, die die gleiche zahnerweichende Wirkung haben wie der gewöhnliche Haushaltszucker («Saccharose»).

Mehr als sechs Jahre ist es her, daß Professor Willi-Eckhard Wetzel von der Gießener

Fertigtees im Test

	Deklaration	Maltodextrin in %	Glucose in %	Saccarose in %	Lactose in %	Bewertung
Hipp-Fencheltee ab 1. Woche Hipp,Pfaffenhofen	zahnschonend	–	–	–	–	e.
Hipp-Krätertee ab 1. Woche Hipp, Pfaffenhofen	zahnschonend	–	5,7	–	–	e.
Milupa babyfix-Fencheltee Milupa, Friedrichsdorf	ohne Zucker	–	–	–	–	e.
Milupa babyfix-Kräutertee Milupa,Friedrichsdorf	zahnschonend	–	–	–	–	e.
Salus-Kindertee Nr. 17 Salus-Haus, Bruchmühl	ohne Kohlenhydr.	–	–	–	–	e.
Sidroga-Kindertee Sidroga GmbH, Bad Säckingen	–	–	–	–	–	e.
Alete Baby-Fencheltee ab 1. Woche Nestlé-Alete, München	nicht süß	**91**	–	–	–	n. e.
Alete Baby-Kräutertee ab 1. Woche Nestlé-Alete, München	nicht süß	**91**	–	–	–	n. e.
Alete Kinder-Fencheltee Nestlé-Alete, München	leicht süß	–	**68,9**	**27,2**	–	n. e.
Alete Kinder-Kräutertee Nestlé-Alete, München	leicht süß	5	**47,6**	**43,6**	–	n. e.
Bübchen-Beruhigungstee Pharmaz. Fabrik E. Hermes, Soest	–	**60–70**	**5-10**	–	–	n. e.
Hipp-Fencheltee ab 1. Woche Hipp, Pfaffenhofen	mit Zucker	–	**49,3**	**44,5**	–	n. e.
Hipp-Früchtetee Hipp, Pfaffenhofen	mit Zucker	–	**27,5**	**65,5**	–	n. e.
Hipp-Kindertee ab 1. Woche Hipp, Pfaffenhofen	mit Zucker	–	**33,6**	**61,5**	–	n. e.
Hipp-Orangentee Hipp, Pfaffenhofen	mit Zucker	–	**29,7**	**61,0**	–	n. e.
Knufinke-Fencheltee Divapharma, Berlin	Naturtee	–	–	–	**62,6**	n. e.
Knufinke-Säuglings-Beruhigungstee Divapharma, Berlin	Naturtee	–	–	–	**61,9**	n. e.
Milupa Fencheltee ab 1. Woche Milupa, Friedrichsdorf	gesüßt	–	**61,8**	**33,2**	–	n. e.
Milupa Kamillentee ab 1. Woche Milupa, Friedrichsdorf	leicht gesüßt	–	**62,5**	**33,5**	–	n. e.
Milupa Kindertee Kräuter-Teegetränk Milupa, Friedrichsdorf	gesüßt	–	**61,6**	**34,8**	–	n. e.
Milupa Kräutertee Milupa, Friedrichsdorf	o. Haush.-Zucker	**70**	**15**	–	–	n. e.
roha-Fencheltee roha-Arzneimittel, Bremen	enthält Kohl.hydr.	**80**	**10**	–	–	n. e.
Stern Biene Fencheltee H. v. Gimborn GmbH, Emmerich	leicht gesüßt, ohne Kochzucker	**70**	**10**	–	–	n. e.

fett gedruckt: führt zur Abwertung   e. = empfehlenswert   n. e. = nicht empfehlenswert

Stand: März 1988

Universitätsklinik den Zusammenhang von gravierenden Zahn- und Kieferschäden bei Kleinkindern mit den Zuckertees aufdeckte, die den Säuglingen als Beruhigungstrank verabreicht worden waren. In die Kinderabteilung seiner Klinik waren 1980 immer mehr Kleinkinder eingewiesen worden, deren Frontzähne im Oberkiefer von Karies total zerstört waren. Wetzel fand heraus, daß neun von zehn Kindern mehrmals täglich vorgesüßte Fencheltees aus Fläschchen genuckelt hatten. Der Begriff «Zuckertee-Karies» war geboren.

Besonderes Aufsehen erregte damals der Prozeß «Moritz gegen Milupa». Moritz war ein typisches Opfer des Zuckertees. Nur noch vier bräunliche Stummelchen in seinem Oberkiefer waren nach regelmäßigem Genuß von Milupas gezuckertem Fencheltee übriggeblieben. Einer möglichen Verurteilung in zweiter Instanz war Milupa seinerzeit durch die freiwillige Zahlung von 40000 Mark Schmerzensgeld zuvorgekommen.

Milupa zahlte – und ließ die Tees, wie sie waren. Auch die übrigen Hersteller von Kinderfertigtees sahen zu grundlegenden Änderungen keinen Anlaß. Eine Serie von Schadensersatzprozessen führte letztlich zu nicht viel mehr als jenen oben zitierten Warnhinweisen für Eltern. Verändert hat sich mittlerweile nicht die Zusammensetzung der Tees, sondern das Konsumverhalten von Eltern und Säuglingen. Um 50 bis 60 Prozent ist der Umsatz von Kinderfertigtees seit 1980 gesunken.

Als «Säufertypen» bezeichnet Klaus Knopf jene Säuglinge, die auch heute noch den lieben langen Tag über mit Hilfe der Nuckelflasche stillgestellt werden. Dieser «Trinkertypus» aber – so hat die Firma durch Umfragen festgestellt – ist seltener geworden. Nicht zuletzt durch die Schlagzeilen von anno '80 sind viele Eltern dazu übergegangen, Tee nur noch bei Bedarf, sprich: bei Durstgeschrei zu füttern.

Eiweiß im Tee

Dem gleichen veränderten Konsumverhalten ist es wohl auch zu danken, daß einige Firmen neben ihren altgedienten

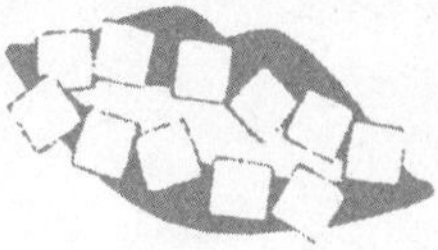

Sorten nun auch zahnfreundliche Alternativen auf den Markt gebracht haben. *Hipp-Fencheltee ab der 1. Woche* beispielsweise oder *babyfix-Kräutertee* von Milupa sind solche – von den Herstellern als «zahnschonend» apostrophierte – Kinderfertigtees auf Eiweißbasis. Sie enthalten tatsächlich keinen Zucker und haben in unserer Bewertung das Prädikat «empfehlenswert» erhalten. Nicht erforscht ist allerdings, ob eine stete Zufuhr isolierter Eiweiße, zumal zwischen den Mahlzeiten, als gesundheitlich wünschenswert betrachtet werden kann. Und auch noch nicht völlig abgesichert ist, ob durch die Zufuhr von Fremdeiweißen nicht in einzelnen Fällen ein Allergie-Risiko für entsprechend gefährdete Babys entstehen kann.

Kein Problem, wenn man Dr. Findeisen von Milupa Glauben schenken darf. «Es handelt sich bei diesen Produkten um hydrolysiertes Eiweiß. Das ist zu Polypeptiden abgebaut und wird vom Körper nicht als allergen anerkannt.»

Dennoch untersucht die Firma diese Zusammenhänge noch weiter; man will in Sachen Kindergesundheit – so jedenfalls Dr. Findeisen – völlig sichergehen.

Babytees

Die Allergie-Diskussion ist bisher Grund genug für die Firma Alete, auf das Herausbringen eigener Fertigtees auf Eiweiß-Basis zu verzichten.

Wer auch auf dieses Restrisiko unbedingt verzichten und seinem Kinde lieber reinen Tee einschenken möchte, kommt um das Aufbrühen nicht herum. Dazu eignen sich neben den altbekannten Tees aus Pfefferminze, Hagebutte oder Malve auch speziell für Kinder geeignete Teemischungen, die es lose oder im Teebeutel zu kaufen gibt. Bei Babys und Kleinkindern, die zuckrige Tees oder Säfte gewöhnt sind, beißen Mutter oder Vater nicht selten auf Granit, wenn statt der üblichen Zuckerlösung plötzlich ein ungesüßter Aufgußtee kredenzt wird. Da hilft nur: Zeit lassen. Zunächst süßen Sie in solch hartnäckigen Fällen noch nach dem Geschmack des Kindes. Dann reduzieren Sie alle drei, später alle fünf bis acht Tage die zugesetzte Zuckermenge: Jedesmal eine Prise weniger. Auch die hartnäckigsten Süßmäuler merken den «Betrug» nicht.

Der Zahnexperte Professor Wetzel hält übrigens weder die Eiweiß-Tees noch die ungesüßten selbstgebrauten Getränke für geeignet zum Dauernukkeln. Auch wenn die Flaschen «keine eigentlich kariesfördernden Substanzen» enthalten, machen sie doch dadurch, daß die Zähne ständig «von mundfremden Stoffen statt von schützendem Speichel umspült werden», diese empfindlicher für andere Kariesquellen. Um dem Saugbedürfnis vieler Kinder über das erste Lebensjahr hinaus entgegenzukommen, ist nach seiner Ansicht der Schnuller verglichen mit der Nuckelflasche immer noch das kleinere Übel.

Süßigkeiten

Kinder und Süßigkeiten, das sind Begriffe, die scheinbar zusammengehören: als Trostpflaster, als Belohnung, als Mitbringsel von Oma und Tante. Aber nicht nur der Zucker, aus dem die Schleckereien überwiegend bestehen, kann krank machen.

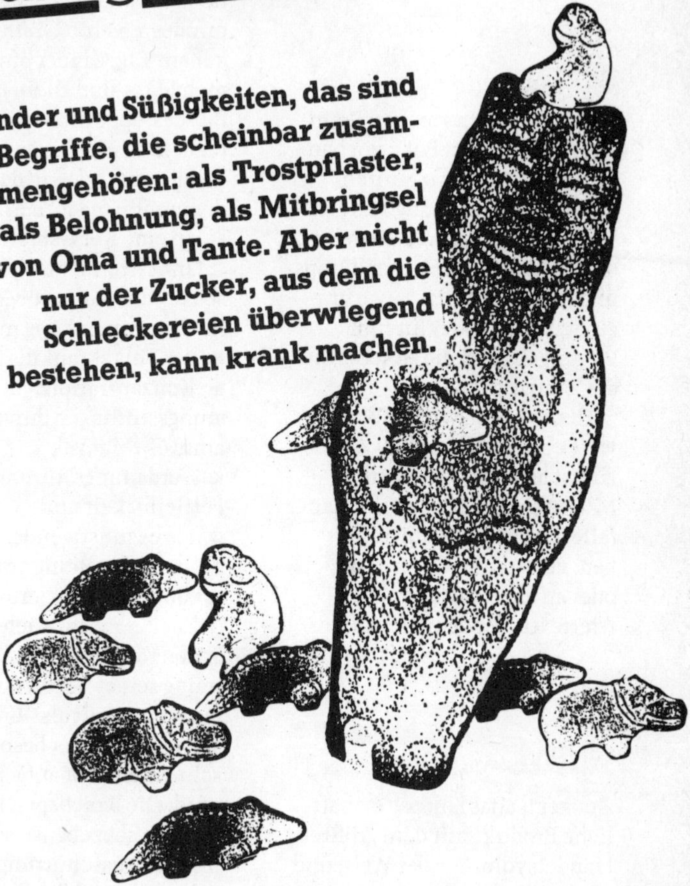

Süßigkeiten

Die geheimen Verführer

Kindheitserinnerungen: Beim Kaufmann an der Ecke vor bauchigen Gläsern mit bunten Bonbons stehen. Lange und kritisch abwägen, bevor die seltene Barschaft in drei saure Drops und in eine Lakritzstange umgesetzt wird. Oder für fünf Pfennig Brause, die so schön auf der Zunge kribbelt...

Heute haben wir die Wahl, ob wir beim Thema Süßigkeiten zuerst an kariös zerstörte Milchzahngebisse, Asthmaanfälle durch Lebensmittelfarben, verstrahlte Osterhasen oder an fette und unkonzentrierte Kinder denken wollen.

Zucker ist ein Politikum...

Zucker ist das landwirtschaftliche Produkt mit dem größten Handelsvolumen der Welt, und seine Produktion steigt weiter an. Zuckeranbau und -raffinierung ist nur unter massiver Ausbeutung von Land und Arbeitskräften in der Dritten Welt «rentabel». Der durchschnittliche Westeuropäer verzehrt mindestens 100 Gramm Zucker am Tag, Kinder oft noch mehr. Das sind allein in der Bundesrepublik 6000 Tonnen täglich. Diese Tatsachen allein machen klar, daß in der Zuckerdiskussion mächtige Interessen eine Rolle spielen.

Unbestreitbar ist heute die schädliche Rolle von Zucker im Zusammenhang mit

- der Volkskrankheit Karies,
- Konzentrations- und Leistungsstörungen durch Vitamin-B_1-Mangel,
- Verdauungsstörungen und Fettleibigkeit und
- als begünstigender Faktor bei der Entstehung von Diabetes und Arteriosklerose.

Zucker macht süchtig, weil er den Körper bei der Wahrnehmung seiner Bedürfnisse täuscht. Er gilt als «Energiespender», weil er besonders schnell ins Blut aufgenommen wird. Die Bauchspeicheldrüse reagiert aber ebenso schnell mit der Ausschüttung von Insulin. Dadurch wird der Blutzuckerspiegel schnell wieder gesenkt, es entsteht erneut Heißhunger nach Süßem, gelegentlich auch Appetitlosigkeit. Beides hat zur Folge, daß der Körper nicht die Ballaststoffe, Vitamine, Mineralien etc. bekommt, die er braucht, denn im Zucker sind sie nicht enthalten. Deshalb spricht man beim Zucker von «leeren» Kalorien.

Beim Abbau von Zucker verbraucht der Körper aber Mineralien und Vitamine, im besonderen Maße das «Nervenvitamin» B_1. Zuckerkonsum ist aber nicht allein verantwortlich für den Mangel an Vitamin B_1, an dem heute 25 Prozent alle 10- bis 14jährigen leiden. Diese Mangelerscheinung wird mitverursacht durch eine einseitige Ernärung, in der wichtige Vitamin-B_1-Lieferanten wie Vollkornprodukte und Hülsenfrüchte weitgehend fehlen. Deshalb ist die häufige Kombination von Weißmehl und weißem Zucker als Haupt-Kalorienträger besonders fatal.

... und ein Zahnkiller

Auch in bezug auf Karies haben verschiedene Feldstudien gezeigt, daß eine vollwertige Ernährung hilft, die Zähne «von innen» gegen Karies zu wappnen. Wenn dem Körper beim Knochenaufbau die notwendigen Spurenelemente und Mineralien fehlen, hat der Zucker besonders leichtes Spiel. Mit Hilfe von Bakterien wird er im Mund in Säure umgewandelt, die den Zahnschmelz angreift –

je klebriger das Zuckerzeug, um so nachhaltiger die Wirkung.

Es scheint müßig, in diesem Zusammenhang auf die Notwendigkeit einer gründlichen Zahnpflege hinzuweisen. Wer aber schon mal versucht hat, einem Zweijährigen in der «Trotzphase» die Zähne zu putzen, weiß, daß die besten Vorsätze zeitweise an Grenzen stoßen können. Erst mit etwa drei Jahren kann man Kindern – z. B. über so hilfreiche Geschichten wie der von «Karius und Baktus» – die Notwendigkeit des Zähneputzens wirklich erklären. Mit drei Jahren haben heute aber schon fünfzig Prozent der Kinder Karies. Hier spielen sicher nicht nur Süßigkeiten eine Rolle, sondern auch die versteckten Zuckerrationen in Fertigmüsli, Fruchtjoghurt, Kakaogetränken, Tomatenketchup, Limonaden etc.

Honig ist, obwohl Naturprodukt, nicht immer eine Alternative zum Fabrikzucker. Die im Honig enthaltenen Vitamine und Mineralien sind nicht von großer Bedeutung, die wertvollen Enzyme und Fermente werden aber bei einer Erhitzung über 40 Grad zerstört, also z. B. beim Kuchenbacken. In bezug auf Karies gilt Honig als noch gefährlicher als Zucker, weil er besonders klebrig ist. Für die Verwendung von Honig als Süßstoff spricht allerdings, daß er von seinen geschmacklichen Qualitäten her ergiebiger ist als Zucker, man braucht davon etwa nur halbsoviel.

Nach Tschernobyl gibt es leider einen weiteren Gesichtspunkt bei der Verwendung von Honig: Honig ist, je nach Herkunft, unterschiedlich stark radioaktiv belastet. Die Becquerelwerte im Spätsommer 87 lagen zwischen 2 bq / kg (Rapshonig aus Norddeutschland) und 160 bq / kg (bayerischer Waldhonig).

Brauner Zucker ist ein Vorprodukt bei der Herstellung von Fabrikzucker und in keiner Beziehung wertvoller. Ahornsirup und Vollrohrzucker sind wertvolle, aber sehr teure Süßstoffe; ihr Mineralstoff- und Vitamingehalt wird beim Erhitzen jedoch zerstört.

Wichtiger als ein «natürlicher» Zuckerersatz ist die Senkung des Zuckerkonsums. Kinder, die über Honig etc. an den permanenten Genuß süßer Lebensmittel gewöhnt sind, werden mit Sicherheit auf die bunten Industrieprodukte umsteigen, sobald sie über Geld verfügen.

Glucosesirup, Fructose, Lactose, Dextrine, Maltose – hinter all den interessanten Bezeichnungen, die in den Zutatenlisten von Süßigkeiten zu lesen sind, verbirgt sich immer wieder nur isolierter Fabrikzucker in verschiedenen Formen. Da die Zutaten in der Reihenfolge ihrer Gewichtsanteile benannt werden müssen, kann man sich leicht davon überzeugen, daß Haushaltszucker («Saccharose» oder einfach «Zucker») immer der Hauptbestandteil von Süßigkeiten ist. Aber meist kommt es noch schlimmer.

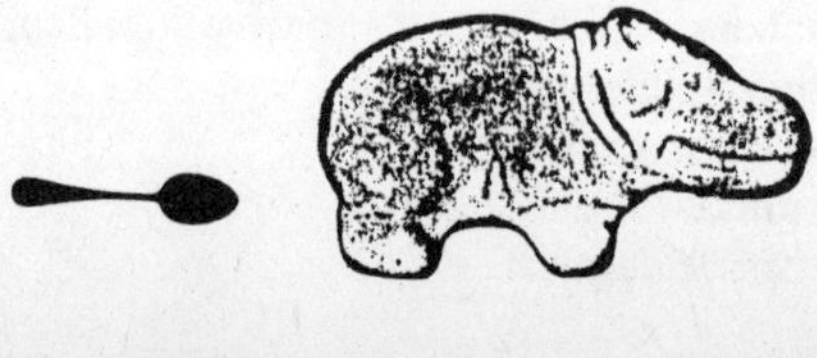

Wie Farben «wirken»

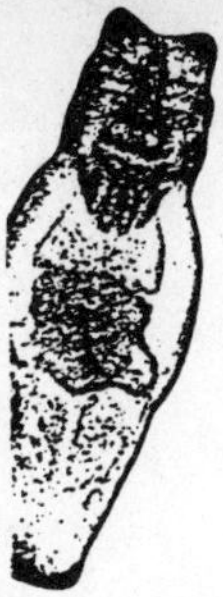

Hinter den zahlreichen Zutaten, die mit einem großen E und einer mit 1 beginnenden Nummer bezeichnet werden, verbergen sich Farbstoffe, die oft gefährlich sind. Die künstlichen Azofarbstoffe (E 102, E 110, E 122, E 123, E 124, E 151, E 180) können bei «empfindlichen Menschen» – also z. B. Kindern – allergische Reaktionen wie Asthmaanfälle, Fieber, Schnupfen, Hautquaddeln und Nesselsucht auslösen. Arzneien, die mit Tartrazin gefärbt wurden (E 102), müssen deshalb mit einem Warnhinweis auf dem Beipackzettel versehen werden – nicht aber Süßigkeiten und Eis, die in ganz anderen Mengen konsumiert werden als Medikamente. Tartrazin kommt in Beimengungen auch in anderen Azofarbstoffen vor.

Die Farbstoffe E 127 und E 142 stehen – wie übrigens auch die Azofarbstoffe – im Verdacht, erbgutschädigend zu sein. Für alle künstlichen Zusatzstoffe gilt, daß die Prozesse, die im Zusammenwirken mit anderen Stoffen (z. B. Konservierungsstoffen) im Körper entstehen können, noch weitgehend unerforscht sind.

Seit zehn Jahren beschäftigen sich engagierte Kinderärzte und Elterngruppen mit der Beobachtung des Zusammenhangs zwischen der Ausbreitung des Krankheitsbildes hyperaktiver Kinder und dem Konsum künstlicher Farbstoffe und Aromen. Bei einem so wenig eingrenzbaren Krankheitsbild ist es natürlich schwierig, die Zusammenhänge nachzuweisen. Der begründete Verdacht allein aber sollte schon genügen, die grellbunten, vollkommen überflüssigen Farbstoffe aus dem Verkehr zu ziehen. In vielen Ländern ist das bereits geschehen. Die deutsche Lebensmittelindustrie, die stets die «gesundheitliche Unbedenklichkeit» der Zusatzstoffe betonte, bringt jetzt zunehmend Süßwaren auf den Markt, die mit dem Prädikat «ohne künstliche Farbstoffe» werben. Auch natürliche Farbstoffe wie Beta-Carotin und Rote-Bete-Saft haben E-Nummern. Die Hersteller drucken in dem Fall aber meist die vollen Namen aus. (Ein Verzeichnis wichtiger E-Nummern brachte das ÖKO-TEST-Magazin in seiner Ausgabe vom Juli 87.)

Zartbittres über Schokolade

Der irrigen Annahme, daß Schokolade gesund für Kinder sei, unterliegen derzeit noch 51 Prozent aller Mütter. (Dies geht aus einem vor vier Jahren erschienenen Ernährungsbericht des Bundesgesundheitsministeriums hervor.) Tatsächlich ist Schokolade nicht ganz so «entwertet» wie das gleichermaßen bunte Zuckerzeug. Kalium, Calcium und sogar Eisen sind enthalten, wenn sie auch in keinem Verhältnis zu Kalorien und vor allem zur Sättigungswirkung der braunen Tafeln stehen, und – wie vermutet werden darf – auch in keinem Verhältnis zu den Insektizid-Rückständen.

Kakao wird in den Herstellerländern begast, um Schädlingsbefall zu vermeiden: Verwendet werden dabei solch hochgiftige Stoffe wie Blausäure, Ethylenoxid oder Methylbromid. Nach Erkenntnissen der Katalyse-Umweltgruppe Köln (vgl. deren Publikation «Chemie in Lebensmitteln», erschienen beim Verlag Zweitausendundeins, Frankfurt) verbleiben im Endprodukt Rückstandsmengen dieser Gifte, deren Unschädlichkeit für den Menschen keineswegs gesichert ist. (In Kakao aus Ghana wurden 6,8 mg / kg Methylbromid, in Bitterschokolade 5,6 mg / kg Ethylenoxid gefunden.)

Ein zweites Problem ist Cadmium. Das Schwermetall, das in den Anbauländern noch in durchaus natürlichen Mengen im Boden enthalten ist, wird in hohem Maße von den Kakaobäumen angereichert. Besonders die als schmackhaft geltenden Edelkakao-Sorten enthalten oft eine für Kinder nicht mehr tolerierbare Menge. Einer Untersuchung des ÖKO-TEST-Magazins zufolge sind immerhin die nichtedlen Vollmilch- und Halbbitter-Schokoladen bezüglich ihres Cadmiumgehaltes unbedenklich (vgl. Heft 12/85).

Drittens enthält Schokolade Coffein. Nach Messungen des Katalyse-Umweltinstituts weist eine Tafel Milchschokolade zwischen 3 und 52 Milligramm Coffein auf, im äußersten Fall mehr als eine halbe Tasse Kaffee (40 Milligramm Coffein). Diese Probleme relativieren sich in dem Maße, wie Nahrungsmittel nur mit Kakao «gewürzt» sind. Schokogetränkepulver bestehen bis zu 80 Prozent aus Zucker!

Bis auf weiteres muß vor Schokolade auch wegen der radioaktiven Belastung gewarnt werden. Da in der Schokoladenproduktion häufig lange lagerfähiges Milchpulver verwendet wird, ist noch nicht abzusehen, wann die Werte wieder niedriger liegen werden als im Spätsommer 87: Milchschokolade 20 bis 60 Becquerel.

Nüsse und Trockenobst gehören zu den wichtigsten Zutaten von Süßigkeiten, die man im «alternativen» Lebensmittelhandel kaufen kann. Leider sind auch sie seit Tschernobyl stark radioaktiv belastet: Haselnüsse aus der Türkei, dem Hauptanbaugebiet in Europa, liegen oft weit über dem bisher gültigen EG-Grenzwert von 600 Becquerel, Mandeln und Walnüsse weisen zwischen 50 und 100 Becquerel auf. Getrocknete Feigen und Aprikosen liegen bei 50 Becquerel, Pflaumen bei 20.

Bei Trockenfrüchten muß überdies darauf geachtet werden, daß sie nicht geschwefelt und nicht mit Sorbinsäure konserviert wurden. Schwefeldioxid ist für sich, Sorbinsäure zumindest in Kombination mit anderen Stoffen gesundheitsgefährdend. Haselnüsse sollten nie fertig gerieben gekauft werden, weil sie in diesem Zustand besonders leicht von Aflatoxinen befallen werden, einer krebserregenden Pilzart.

Süße Alternativen?

Wer alternative Süßigkeiten selbst herstellen will, muß in der Auswahl der Zutaten schon sehr sorgfältig vorgehen, um nicht den Teufel mit Beelzebub, den Zucker mit Cäsium, das Tartrazin mit Schwefeldioxid auszutreiben. Das ist eine Frage der Zeit und des Geldes. Rezepte für «gesunde» Süßigkeiten findet man in verschiedenen Vollwert-Kochbüchern für Kinderkost. (Insbesondere im rororo-Taschenbuch von Horst Speichert: «Süße Sachen». Sträflicherweise würzt der Autor seine kindgemäßen Back-

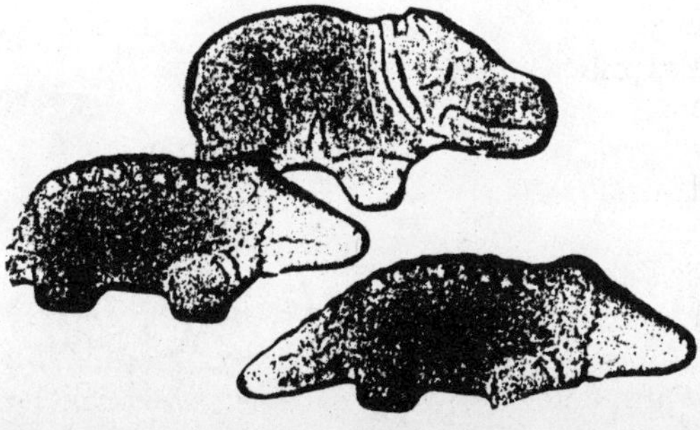

waren aber häufig mit einem Glas Rum oder Likör.)

Auch bei Vollkornkeksen, Rosinen oder Fruchtschnitten, die man in Bioläden und Reformhäusern bekommt, weiß man in der Regel wenig über Herkunft und Vorbehandlung der Zutaten. Kalorienreich und zahngefährlich sind sie nicht weniger als ihre bunten Kollegen.

Auch alternative Süßigkeiten sind Genußmittel und keine notwendigen Bestandteile einer gesunden Ernährung. Wichtiger als die Beschaffung alternativer Süßigkeiten erscheint:

- den Grundkonsum von Zucker in der täglichen Ernährung radikal zu reduzieren und so einem Gewöhnungseffekt entgegenzuarbeiten,
- Kinder vollwertig und vitaminreich zu ernähren, so daß sie gegen den Vitaminräuber gefeit sind,
- kritisch zu prüfen, inwieweit wir Süßigkeiten und andere Nahrungsmittel als Liebesbeweis, Belohnung oder Überredungshilfe einsetzen,
- süße Sachen, mit denen Kinder dann doch in Kontakt kommen, nicht zu verteufeln. Wenn Ihre Kinder das Gefühl haben, daß Sie ihnen jede Lust an Süßem mißgönnen, werden sie für Aufklärungen über die Wirkungen des Zuckers, besondere Schadstoffe und die Notwendigkeit des Zähneputzens kaum zugänglich sein.

Und schließlich bleibt die alte Volksweisheit vom guten Vorbild, das noch immer am ehesten Wirkung zeigt. Ihr geheimes Schokoladendepot im Gläserschrank finden die Kinder allemal.

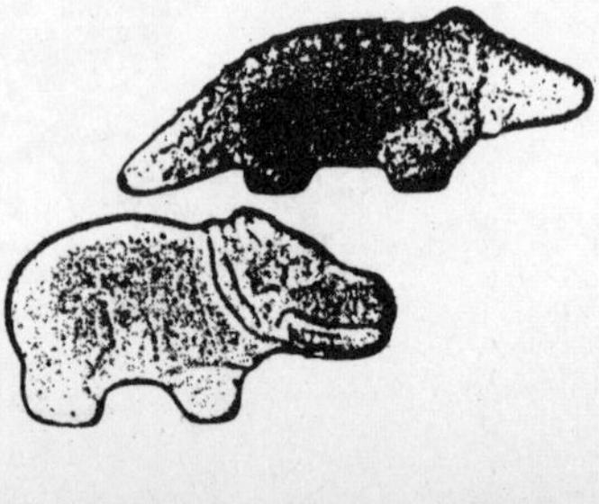

Babynahrung

Selbstgemachte Babynahrung soll frisch und gesund sein, aber auch bekömmlich für den kleinen Magen. Doch das ist gar nicht so einfach. Eltern müssen sich mit Pestiziden, Schwermetallen und Nitrat herumschlagen.

Babynahrung

Selbermachen mit Verstand

Säuglinge und Kleinkinder brauchen besonders wertvolle Nahrung, denn sie müssen noch wachsen, ihre Körperfunktionen und ihre geistigen Kapazitäten voll entwickeln. Für die Kleinsten bis zum sechsten Monat ist Muttermilch das Beste. Ist die Mutter gut ernährt, mangelt es dem Säugling an nichts. Wenn die Mutter jedoch nicht stillen darf oder will, kann sie auf industriell gefertigten Milchersatz zurückgreifen, der der Muttermilch weitgehend ähnelt. Müttern, die sich selber vollwertig ernähren, widerstrebt diese Art der Ernährung für ihre Jüngsten. Sie wollen den Brei fürs Baby selber zubereiten. Tatsächlich gibt es viele Empfehlungen und Rezepte, die den Eindruck vermitteln, das sei ein Kinderspiel. Betrachten sich jedoch Ernährungswissenschaftler diese Rezepturen, stehen ihnen die Haare zu Berge.

Die Verbraucherzentrale Hamburg hatte verschiedene Rezepte für Säuglingsbreie geprüft und kam dabei zu folgendem Ergebnis:

Häufig werden die Kleinen mit Kohlenhydraten gemästet. So werden aus diesen Kindern kleine Dickerchen, obwohl es die Mütter gut gemeint haben.

Ausdrücklich gewarnt sei vor Frischkornbrei in den ersten neun Lebensmonaten. Genauso wie ein Kind das Sehen, Greifen und Krabbeln lernt, entwickelt sich auch die richtige Funktion des Magen-Darm-Traktes erst langsam. Enzyme, die für die Verdauung von Ballaststoffen und roher Stärke nötig sind, muß das Kind noch herausbilden.

Getreidearten wie Weizen, Roggen, Hafer und Gerste sollten im ersten Lebenshalbjahr am besten ganz gemieden werden. Es besteht die Gefahr einer Allergie gegen das Klebereiweiß, der sogenannten Sprue oder Zöliakie. Günstigere Getreidesorten sind zum Beispiel Mais oder Reis.

Für Eltern, die sich und ihren Nachwuchs vegetarisch ernähren wollen, und für Kinder, die keine Kuhmilch vertragen, wird oft Soja- oder Mandelmilch empfohlen. Dieser Milchersatz ähnelt auf den ersten Blick der Muttermilch. Betrachtet man allerdings die Eiweißzusammensetzung, den

Milchersatz (ab Geburt)

Um 400 Milliliter (ml) Flaschennahrung herzustellen, nimmt man 200 ml Wasser, 16 Gramm (4 TL) Milchzucker und 10g (4 TL) Kartoffelstärke und läßt dies zusammen aufkochen. (Anstelle der Kartoffelstärke [Mondamin] kann man auch eine Getreidestärke aus Reis oder Mais selbst herstellen. Dazu werden die Körner in Wasser gekocht und hinterher durch ein Tuch geseiht.)

200 ml Kuhmilch (3,5% Fett) dazugießen und das Ganze nicht mehr kochen, sondern bis zur Dampfentwicklung kurz erhitzen. Dann 6g (1 1/2 TL) Keimöl dazugeben und abkühlen lassen.

Quelle: Nach «Kinderernährung», Katalyse Umweltgruppe, Köln 1987

Vitamin-, Eisen- und Kalziumgehalt, können Säuglinge damit nur mangelhaft ernährt werden.

Häufig wird für Babys auch unbehandelte Rohmilch empfohlen. Diese Milch ist jedoch nicht in jedem Fall frei von krank machenden Keimen. Rohmilch abzukochen wäre allerdings verkehrt. Ihr Nährwert läge dann unter dem der pasteurisierten Milch. Für die Säuglingsernährung am besten geeignet ist Vorzugsmilch, ein ebenfalls unerhitztes, aber streng kontrolliertes Produkt. Auch pasteurisierte Vollmilch ist noch empfehlenswert. H-Milch sollte dagegen nur in Notfällen benutzt werden.

Wichtig ist, daß die Milch mindestens 3,5 Prozent Fett enthält. Für Säuglinge muß sie dann im Verhältnis 1:1 mit Wasser verdünnt werden, weil sonst der Eiweißanteil viel zu hoch liegt. Ergänzt werden muß das Gemisch mit Kohlenhydraten und etwas Öl. Als Kohlenhydrat verdaut der Säugling am besten Lactose, den Milchzucker, der auch in der Muttermilch enthalten ist. Lactose ist in Apotheken erhältlich. Haushaltszucker, Traubenzucker oder Honig sind für Säuglinge ungeeignet. Ob für die Säuglingsernährung kalt gepreßtes oder raffiniertes

Babynahrung

Öl genommen werden soll, ist unter Fachleuten noch strittig. Wenn Sie kalt gepreßtes Öl vorziehen, sollte es möglichst frisch sein. In älterem, leicht ranzigem Öl entstehen Peroxide. Das sind giftige Abbauprodukte, mit denen der Säugling noch nicht fertig wird.

Neben Milch, Milchzucker, Stärke und Öl wird der Babybrei auch aus Wasser hergestellt. Doch in manchen Gegenden ist das Leitungswasser so stark mit Nitrat belastet, daß es für Säuglinge gefährlich sein kann. Nitrat kann sich durch Bakterien in Nitrit umwandeln, ein stark wirkendes Blutgift. Es verhindert, daß die roten Blutkörperchen Sauerstoff aufnehmen. Beim Säugling führt dies zur Blausucht, er erstickt. Außerdem können aus Nitrit während des Verdauungsprozesses krebserregende Nitrosamine entstehen.

Nach einer Untersuchung des ÖKO-TEST-Magazins im Januar 1987 hatten sieben von 224 Ortschaften mehr als 50

Mineralwasser

	Natrium*1)	**Nitrat***2)
Adelholzer Primus-Heilquelle, Bad Adelholzen	3,44	5,9
Bad Brückenauer – natürliches Mineralwasser, Bad Brückenau	3,05	4,4
Bad Dürrheimer Weissenberger Q. – natürl. Mineralw., Bad Dürrh.	5,7	1,5
Bad Dürrheimer – natürliches Mineralwasser, Bad Dürrheim	5,3	0,0
Bad Dürrheimer – stilles Mineralwasser, Bad Dürrheim	5,3	0,0
Carolinen Quelle – natürliches Mineralwasser, Bielefeld	18,4	0,8
Carolinen Urquelle – stilles Mineralwasser, Bielefeld	18,4	0,5
Fürst Bismarck Quelle – natürliches Mineralwasser, Aumühle	11,8	3,2
Graf Hallermunt – natürliches Mineralwasser, Eberbach	18,0	0,5
Jakobus – natürliches Mineralwasser, Hamburg	11,9	<0,5
Nord Quell – natürliches Mineralwasser, Hamburg	13,2	1,3
Odenwälder Heilquelle – Heilwasser, Finkenback	1,88	7,3
Perlini Quelle – natürliches Mineralwasser, Bruchsal	12,8	0,2
Rhön Sprudel – natürliches Mineralwasser, Ebersburg	3,62	<0,5
St. Linus – Heilwasser, Pechbrunn	11,7	0,6
St. Margareten – Heilwasser, Löhne	19,1	2,3
Urbacher – natürliches Mineralwasser, Urbach	11,8	1,1
Urbacher Still – stilles Mineralwasser, Urbach	11,8	0,9
Wittmannsthal Quelle – natürliches Mineralwasser, Bad Dürrheim	4,3	0,5

1) deklariert 2) gemessen * Gehalt in Milligramm pro Liter (mg/l) Stand: März 1988

Milligramm (mg) Nitrat im Liter Leitungswasser, und lagen damit über dem zulässigen bundesdeutschen Grenzwert. Über dem europäischen Richtwert von 25 mg Nitrat lagen 53 Gemeinden. Lediglich in 99 Ortschaften lag der Wert unter 10 mg pro Liter. Nur solches Wasser gilt laut Tafelwasserverordnung als «zur Zubereitung von Säuglingsnahrung geeignet». Seit Erscheinen dieses Buches können sich die Werte verändert haben. Fragen Sie deshalb bei Ihrem Wasserwerk nach, wie hoch der Nitratgehalt Ihres Leitungswassers ist.

Als Alternative bietet sich Mineralwasser an. Leider sind nicht alle geeignet. Einige enthalten ebenfalls zuviel Nitrat, zuviel Natrium oder Fluorid. Nach der Tafelwasserverordnung ist für Babynahrung nur geeignet, was weniger als 20 mg Natrium und 1,5 mg Fluorid enthält. (Empfehlenswerte Mineralwässer siehe Tabelle.)

Wird ein Säugling mit Muttermilchersatz ernährt, muß er ab der sechsten Woche zusätzlich Vitamin A und C bekommen. Dazu eignen sich besonders Obst- und Gemüsesäfte. Zuerst gibt man 1/2 Teelöffel vor einer Flaschenmahlzeit und steigert langsam auf 2 bis 3 Eßlöffel pro Tag. Vitamin-C-reiche Zitrusfrüchte sollten allerdings nur einem Säugling gegeben werden, der nicht zum Wundsein neigt. Beim Gemüse beginnt man am besten mit Möhren. Das in ihnen enthaltene Karotin wird allerdings nur in Vitamin A umgewandelt, wenn etwas Fett dabei ist. Wichtig ist, daß das Baby den Saft ganz frisch, das heißt unmittelbar nach der Herstellung bekommt, damit nichts von den wertvollen Inhaltstoffen verlorengeht.

Gemüsebrei (ab 8. Monat)

200 g Kohlrabi, Möhren oder Blumenkohl putzen, zerkleinern und zu zwei Drittel zehn Minuten in Wasser dünsten. Das restliche Drittel fein raspeln und 1 Teelöffel Butter hinzugeben.

Ab dem fünften Monat kann ein Kind, das nicht gestillt wird, seine erste Breikost bekommen. Sie sollte zu einem Teil aus Gemüse und zu zwei Teilen aus Pellkartoffeln mit etwas Keimöl oder Butter bestehen. Voll gestillte Säuglinge bekommen diesen Brei ab dem siebten Monat. Sie sollten aber zunächst nur eine Gemüseart pro Mahlzeit verwenden, um Unverträglichkeiten bei Ihrem Kind erkennen zu können. Salz, Zucker und scharfe Gewürze haben in der Säuglingsernährung nichts zu suchen. Für Säuglingsbreie sollten Sie auch kein aufgewärmtes Gemüse verwenden. Wichtig ist, daß die Gemüseportion sehr klein geschnitten, in wenig Wasser weich gedünstet und anschließend mit dem Kochwasser püriert wird. Ab dem achten Monat können Sie beginnen, das Baby an vitaminreiche Rohkost zu gewöhnen. Dabei sollten Sie einen Teil der Gemüseportion zurückbehalten, klein raspeln und zum Schluß unter das gekochte Mus rühren. Den Rohgemüseanteil können Sie nach und nach auf die Hälfte der Gemüseportion steigern.

Obst ist nur eine Zwischenmahlzeit oder ein Nachtisch fürs Baby. Nicht gestillte Säuglinge bekommen es ebenfalls ab dem fünften Monat, gestillte ab dem siebten. Es besteht anfangs am besten nur aus einem Apfel, der fein gerieben wird. Bananen kann man zusammen mit anderen Obstarten verwenden. Wegen ihres hohen Kohlenhydratgehaltes und der verhältnismäßig wenigen Vitamine sollen sie aber nicht den Hauptbestandteil im Obstmus ausmachen. Sie sind freilich sehr gut geeignet, saure Obstarten für das Kind genieß-

Gemüse nach Saison

	Januar	Februar	März	April	Mai	Juni	Juli	August	September	Oktober	November	Dezember
Gemüse mit mittlerem Nitratgehalt												
Auberginen					●	●	●	●				
Blumenkohl			●	●			●	●	●	●		
Kohlrabi						●	●					
Lauch								●	●	●	●	●
Möhren	●	●	●					●	●	●	●	●
Rotkohl	●	●	●				●	●	●	●	●	●
Sellerie	●	●	●							●	●	●
Gemüse mit hohem Nitratgehalt												
Chinakohl	●	●	●				●	●	●	●	●	●
Feldsalat										●	●	
Grünkohl	●	●	●	●						●	●	●
Kopfsalat			●	●	●	●	●	●	●			
Radieschen						●	●	●				
Rettich						●	●	●	●	●		
Rote Bete	●	●								●	●	●
Spinat			●	●	●				●	●		
Weißkohl	●	●	●				●	●	●	●	●	●
Wirsing	●	●	●				●	●	●	●	●	●

In den mit einem ● bezeichneten Monat ist am ehesten mit Freilandware zu rechnen.
Quelle: Auswertungs- und Informationsdienst für Ernährung, Landwirtschaft und Forsten (AID), Bonn

bar zu machen. Die gleiche Aufgabe erfüllen aber auch Nüsse. Dagegen sind Zucker, Traubenzucker oder Honig wenig empfehlenswert. Das Obstmus darf nicht lange herumstehen, sondern soll möglichst bald nach der Herstellung verfüttert werden, denn viele Inhaltstoffe zersetzen sich an der Luft.

Die Zubereitung alleine macht es jedoch nicht. Es kommt auch auf die Inhaltstoffe an. Für Säuglinge und Kleinkinder sollte Obst und Gemüse aus kontrolliert biologischem Anbau stammen. Eine Studie von Prof. Werner Schuphan von der «Bundesforschungsanstalt für Qualitätsforschung pflanzlicher Erzeugnisse» hat bewiesen, daß diese Produkte im Vitamin-, Mineral- und Eiweißgehalt dem konventionell angebauten Gemüse überlegen sind. Auch der Schadstoff- und Nitratgehalt liegt bei kontrolliert biologischem Anbau niedriger.

Gewächshausgemüse hat übrigens in jedem Fall einen höheren Nitratgehalt als das im Freiland gewachsene. Kaufen Sie daher besser Gemüse nach der Saison (siehe Tabelle).

Ein Ei oder 20 Gramm Fleisch sind ein- bis zweimal die Woche möglich. Beides sollte nur vollständig gegart zum Gemüse gegeben werden. Wer Rückstände aus zweifelhaftem Pharmafutter vermeiden will, sollte nur Eier kaufen, die von freilaufenden Hennen stammen. Wer keinen Bio-Metzger am Ort hat, kann auf Rindfleisch ausweichen. Im Gegensatz zu Kälbern, Schweinen und Geflügel ist dieses geringer belastet.

Vollkornbrei darf frühestens ab dem achten Monat gefüttert werden. Vier Wochen später darf das Kind auch einen Frischkornbrei bekommen. Man sollte ihn allerdings schrittweise einführen, indem man gekochtes und frisches Getreide mischt: zuerst 2:1, dann 1:1, später 1:2. Falls das Kind mit Verdauungsstörungen

Frischkornbrei (ab 9. Monat)

1–2 EL Weizen, Hafer oder Mehrkorngetreide fein mahlen und in wenig Leitungswasser eine halbe bis eine Stunde einweichen. Eine halbe Banane fein pürieren, einen halben Apfel fein reiben und beides dem Getreidebrei zugeben.
Mit 1 EL Sahne alles verrühren. Nach Geschmack mit Obst der Jahreszeit oder fein zerkleinerten Nüssen abschmecken.

reagiert, warten Sie mit dem Frischkorn noch ein bis zwei Monate.

Zum Ende des ersten Lebensjahres kann das Kleinkind frische Milch und in kleinen Mengen Sauermilchprodukte wie Joghurt, Kefir, Dickmilch und Quark essen. Wer sie nicht selbst herstellt, muß beim Kauf darauf achten, daß sie aus Vollmilch bestehen und keine Zusätze wie Zucker, Bindemittel, Farb- und Aromastoffe und Konservierungsmittel enthalten.

Hat das Kind seinen ersten Geburtstag gefeiert, kann es am Familientisch mitessen.

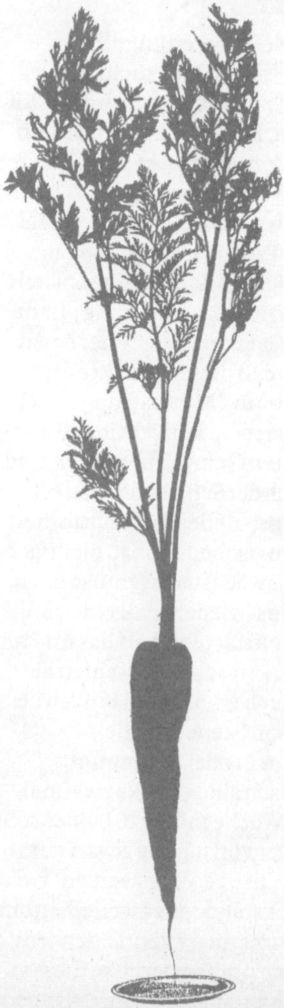

Nitrat im Trinkwasser

Nitratgehalt über 50 mg/l-Grenzwert nach der Trinkwasserverordnung

Ort	Nitratgehalt*	Ort	Nitratgehalt*
4290 Bocholt	51	2353 Nortorf	64
6976 Königheim	52	6905 Schriesheim	59
3384 Liebenburg-Upen	51	3387 Vienenburg	53
8621 Mittwitz	54		

Nitratgehalt über 25 mg/l-Richtwert nach der EG-Trinkwasserrichtlinie

7590 Achern	41	4132 Kamp-Lintford	33
8750 Aschaffenburg	47	4152 Kempen	36
7150 Backnang	26	5401 Kettig	37
6430 Bad Hersfeld	28	5000 Köln	41
6550 Bad Kreuznach	43	5090 Leverkusen	45
8740 Bad Neustadt	39	6800 Mannheim	38
3280 Bad Pyrmont	35	8940 Memmingen	35
4630 Bochum	27	4130 Moers	29
5300 Bonn	36	7270 Nagold	38
3062 Bückeburg	32	5450 Neuwied	44
8877 Burtenbach	38	5168 Nideggen-Rath	28
3256 Coppenbrügge	41	6227 Oestrich-Winkel	47
7300 Esslingen	28	6960 Osterburken	29
8510 Fürth	30	3150 Peine	35
7766 Gaienhofen	38	7530 Pforzheim	30
3250 Hameln	35	8400 Regensburg	26
7799 Heiligenberg	31	6458 Rodenbach	27
8416 Hemau	27	7170 Schwäbisch-Hall	26
5429 Herold	31	3061 Seggebruch	31
4446 Hörstel-Riesenbeck	26	8700 Würzburg	37
4530 Ibbenbüren	30	2270 Wyk-Boldixum	37
4925 Kalletal	47		

Nitratgehalt über 10 mg/l – darf nach der deutschen Mineral- und Tafelwasserverordnung nicht bezeichnet werden als: zur Säuglingsnahrung geeignet

Ort	Nitratgehalt*	Ort	Nitratgehalt*
5100 Aachen	11	4703 Bönen	17
8900 Augsburg	14	5569 Boxberg	11
8801 Aurach	23	2850 Bremerhaven	14
5340 Bad Honnef	19	6100 Darmstadt	16
8730 Bad Kissingen	19	6057 Dietzenbach	19
6350 Bad Nauheim	17	8721 Dittelbrunn	12
8600 Bamberg	25	4600 Dortmund	22

Nitratgehalt über 10 mg/l – darf nach der deutschen Mineral- und Tafelwasserverordnung nicht bezeichnet werden als: zur Säuglingsnahrung geeignet

Ort	Nitratgehalt*	Ort	Nitratgehalt*
4408 Dülmen	19	4400 Münster	14
4400 Düsseldorf	17	3070 Nienburg	24
4100 Duisburg	17	8500 Nürnberg	14
3440 Eschwege	17	4200 Oberhausen	23
4300 Essen	23	6050 Offenbach	17
6749 Freckenfeld	11	7600 Offenburg	13
7800 Freiburg	11	8891 Petersdorf	21
5221 Friesenhagen	22	4953 Petershagen	25
4650 Gelsenkirchen	24	7592 Renchen	23
7929 Gerstetten	25	5840 Schwerte	19
3407 Gleichen	15	4714 Selm	16
4180 Goch-Kessel	19	7261 Simmozheim	19
3400 Göttingen	14	5650 Solingen	19
8547 Greding	25	7813 Staufen	22
6103 Griesheim	13	7000 Stuttgart	23
6524 Guntersblum	13	5357 Swisttal-Odendorf	17
5800 Hagen	17	2280 Sylt-Ost	18
4755 Holzwickede	19	7400 Tübingen	21
6760 Katzenbach	14	8132 Tutzing	17
4190 Kleve	20	7700 Überlingen (Singen)	20
5400 Koblenz	14	4750 Unna	19
8651 Ködnitz	12	8043 Unterföhring	16
6411 Künzel	24	5307 Wachtberg-Pech	17
8300 Landshut	16	4355 Waltrop	20
7850 Lörrach	14	4230 Wesel	21
8081 Luttenwang (Adelsh.)	21	5227 Windeck	22
8948 Mindelheim	20	3340 Wolfenbüttel	14
5561 Minheim	14	3411 Wulften	25
8000 München	11	5600 Wuppertal	15

Nitratgehalt unter 10 mg/l – unbedenklich

Ort	Nitratgehalt*	Ort	Nitratgehalt*
2807 Achim	<5	6834 Biblis-Nordheim	<5
8359 Aldersbach-Kriestorf	5	8465 Bodenwöhr	9
8111 Altenau (Saulgrub)	<5	2061 Borstel	<5
7570 Baden-Baden	5	3300 Braunschweig	6
6208 Bad Schwalbach	5	2800 Bremen	<5
6232 Bad Soden	6	2820 Bremen 70	6
8221 Bergen	<5	8206 Bruckmühl	<5
5165 Bergstein (Hüttgenw.)	<5	2448 Burg	7
1000 Berlin	5	3167 Burgdorf	<5

Nitratgehalt unter 10 mg/l – unbedenklich

Ort	Nitratgehalt*	Ort	Nitratgehalt*
2893 Butjadingen-Tossens	<5	6500 Mainz	<5
2150 Buxtehude	<5	3550 Marburg	8
2854 Donnern (Loxstedt)	<5	4470 Meppen	5
8057 Eching	<5	8160 Miesbach	6
2200 Elmshorn	<5	2943 Moorweg	<5
7830 Emmendingen	6	8000 München	<5
6236 Eschborn	10	6478 Nidda	5
2390 Flensburg	<5	5414 Niederwerth	9
6000 Frankfurt	5	2223 Nordermeldorf	5
6382 Friedrichsdorf	<5	8781 Oberleitersbach	<5
3170 Gifhorn	<5	2900 Oldenburg	<5
4048 Grevenbroich	<5	3360 Osterrode	6
2962 Großefehn	<5	2080 Pinneberg	6
2161 Großenwörden	<5	8835 Pleinfeld	<5
6080 Groß-Gerau	<5	6301 Pohlheim	8
2000 Hamburg	<5	5064 Pullheim-Braunweiler	<5
2100 Hamburg 90	<5	6419 Rasdorf	10
3000 Hannover	6	6657 Reinheim (Gersheim)	<5
6900 Heidelberg	<5	7410 Reutlingen	5
7100 Heilbronn	<5	4840 Rheda-Wiedenbrück	7
6338 Hüttenberg	<5	6600 Saarbrücken	<5
6580 Idar-Oberstein	6	6601 Scheidt	5
7539 Kämpfelbach	9	5558 Schweich	<5
6750 Kaiserslautern	<5	3163 Sehnde	<5
7500 Karlsruhe	6	5900 Siegen-Weidenau	8
3500 Kassel	7	3074 Steyerberg	5
8960 Kempten	<5	8616 Strullendorf	<5
2300 Kiel	<5	2245 Tellingstedt	<5
7312 Kirchheim-Teck	<5	7201 Tuningen	5
3014 Laatzen	9	5132 Übach-Palenberg	<5
3101 Lachendorf	<5	7900 Ulm	9
7630 Lahr	10	3418 Uslar	<5
2986 Leezdorf	<5	3030 Walsrode	7
2804 Lilienthal	6	2205 Westerhorn	<5
8990 Lindau	8	2205 Wewelsfleth	6
6700 Ludwigshafen	5	6200 Wiesbaden	9
2400 Lübeck	<5	5272 Wipperfürth	7
4927 Lügde	10	5506 Zemmer	7
2120 Lüneburg	<5		

* In Milligramm pro Liter (mg/l) Stand: März 1988

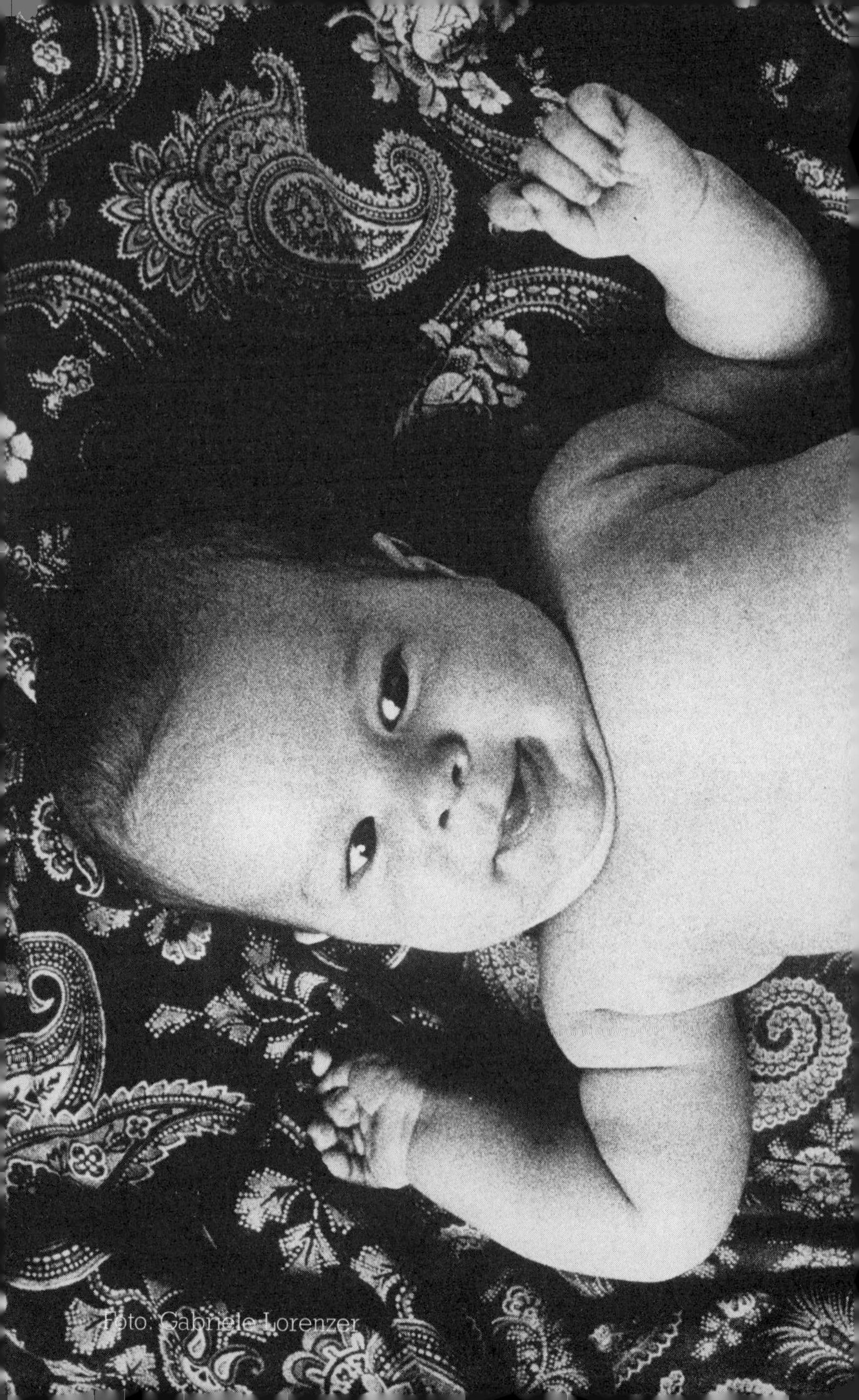

Foto: Gabriele Lorenzer

Hygiene

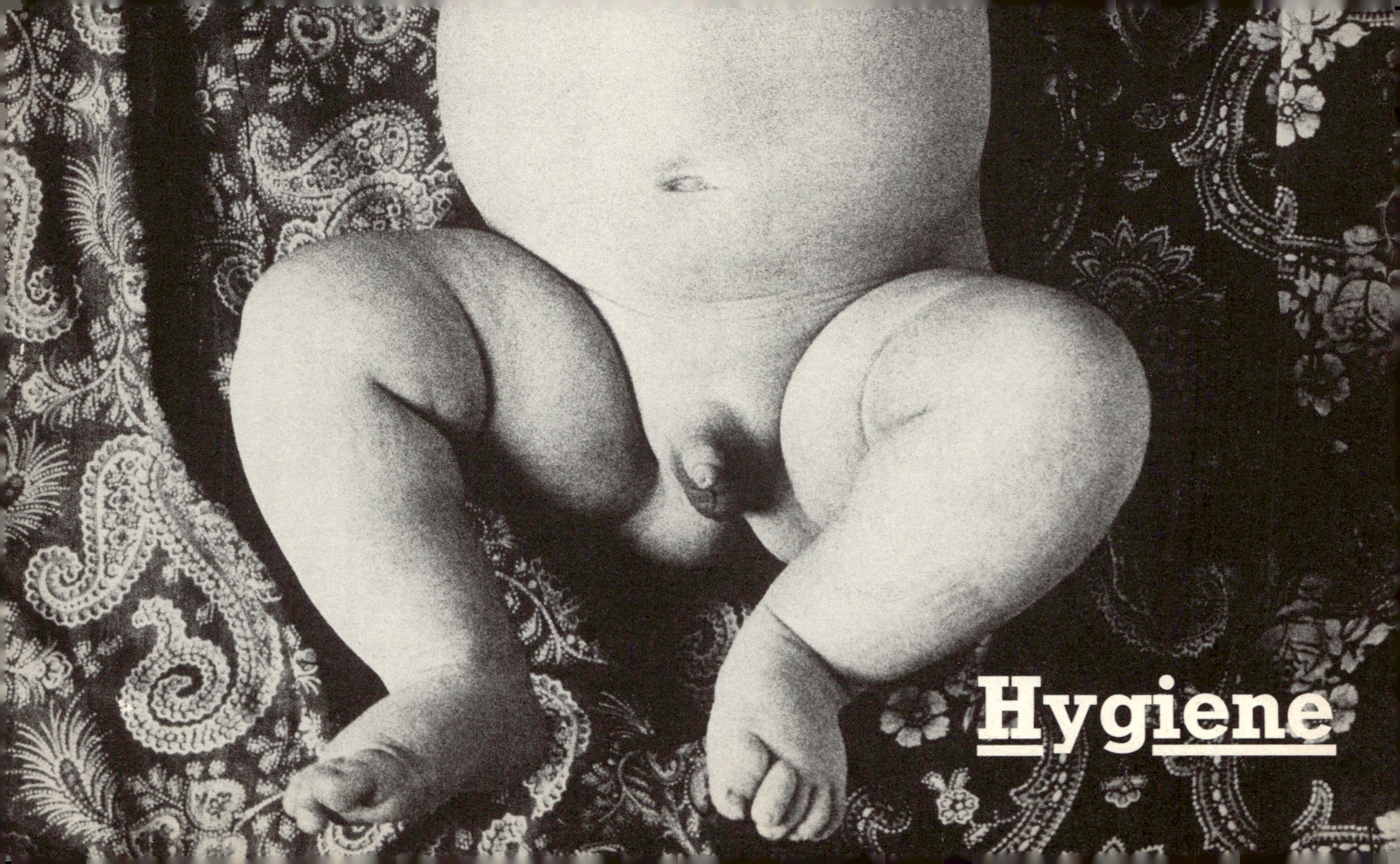

Babypflege

Wer den Ehrgeiz hat, sein Baby in ein blitzsauberes, duftendes Paket zu verwandeln, erntet nur Geplärr. Und das Kind hat recht mit seinem Protest: Allzuviel Reinlichkeit ist ungesund.

Wasser ist zum Waschen da

Babypflegemittel sind neuerdings ein Renner. Trotz rückläufiger Geburtenrate steigen die Umsätze der Hersteller. Mehr als 250 Millionen Mark geben die Bundesdeutschen pro Jahr für Babyshampoos, -seife, -cremes aus, Produkte, die auch viele Erwachsene mit empfindlicher Haut verwenden. Das ist keineswegs verwunderlich: Mit Adjektiven wie «mild», «reizarm», «schonend» und so weiter vermittelt die Werbung, Babypflegemittel seien rundherum hautfreundlich und gesund. Daß das nicht immer der Fall ist, zeigt so mancher ÖKO-TEST in diesem Heft.

Pflegewahn

Die Haut eines Neugeborenen ist zweifelsohne sehr empfindlich. Daß sie deshalb besonders viel gewaschen, gecremt und gepudert werden muß, ist ein schwer auszumerzender Aberglaube. Er stammt aus der Epoche des frühen Bürgertums und hatte damals einen rationalen Kern in der hohen infektionsbedingten Säuglingssterblichkeit. Sozialpsychologen vermuten hinter dem neuzeitlichen Pflegewahn ein Überbleibsel der frühbürgerlichen Sexualfeindlichkeit.

Heute wollen viele moderne Eltern-Ratgeber die ausgedehnten täglichen Pflegerituale als «Zuwendung» schmackhaft machen: Fingerchen einzeln abwaschen und abtrocknen, Haarschopf abseifen, Nase putzen, Ohrmuschel innen und außen mit Wattestäbchen reinigen, Augen mit Wattebausch auswischen und so weiter. Welches Pech, daß die meisten Babys für diese Art der Zuwendung keinen Sinn haben und herumbrüllen, bis die entnervte «Pflegeperson» sie endlich auf den Arm nimmt und aus dem Badezimmer trägt.

Leider gibt es bislang nur wenige Ratgeber aus dem anthroposophischen und heilpraktischen Lager, die den Eltern erlauben, all die unsinnigen Maßnahmen auf ein Mindestmaß zu beschränken und einige ganz sein zu lassen.

Immerhin spricht sich langsam herum, daß es erstens unvermeidlich und zweitens nicht grundsätzlich schlecht ist, Bakterien in und am Körper zu haben. Im Gegenteil, eine intakte Bakterienflora ist ein guter Schutz gegen krank machende Keime.

Der Säureschutzmantel geht baden

Auch daß die menschliche Haut über so eine großartige natürliche Einrichtung wie den «Säureschutzmantel» verfügt, den es möglichst nicht zu zerstören gilt, dürfte aus der Werbung für manche kosmetischen Produkte landläufig bekannt sein. Was weniger bekannt ist: jede Anwendung von Reinigern greift diesen Säureschutzmantel an. «Denn alle Mittel, die waschaktive Substanzen enthalten, entfernen körpereigene Substanzen, die zur Aufrechterhaltung der Schutz- und Abwehrfunktionen der Haut unerläßlich sind», so schreibt die Katalyse Umweltgruppe in ihrem Buch «Chemie im Haushalt».

Das ist freilich nicht allzu tragisch. Die gesunde Haut von Erwachsenen ist in der Lage, sich innerhalb von zwei bis drei Stunden zu regenerieren. Eine spezielle Creme repariert den Schaden zwar rascher, verhindert jedoch die natürliche Regeneration weitgehend, statt sie zu unterstützen. Wer sich täglich den ganzen Körper abseift und womöglich anschließend immer eincremt, riskiert also, daß das natürliche Gleichgewicht irgendwann badengeht. Die Haut wird empfindlich, trockener und juckt, oder sie produziert plötzlich Talg auf Pickel komm raus.

Was für Erwachsene ungünstig ist, ist für Babys um so schlechter. Denn die natürliche Regeneration der Babyhaut benötigt noch doppelt so lange wie bei Erwachsenen. Man schützt sie deshalb am besten, wenn man sie – soweit wie möglich – in Ruhe läßt!

Schlichtes warmes Wasser

Babys unter sechs Monaten haben, von Kot und Urin abgesehen, kaum hautaggressive oder auch nur geruchlich störende Ausscheidungen. Außerdem machen sie sich kaum schmutzig, solange sie noch nicht durch die Gegend krabbeln. Daher ist das «tägliche Bad», das die meisten Leitlinien vorsehen und das in fast allen Entbindungskliniken noch gang und gäbe ist, schlichtweg überflüssig.

Ein- bis zweimal in der Woche reicht auch. Dann öffnet ein warmes Wasserbad (35–37° Celsius) die Poren und spült sie aus. Dadurch wird die Haut genügend erfrischt. Das klare Wasser greift den Fettfilm der Haut kaum an. Weil es allerdings Feuchthaltefaktoren der Haut wie Kohlehydrate und Milchsäure herauslöst, sollte ein Säugling nicht länger als fünf bis sieben Minuten gebadet werden.

Manchmal ist es günstig, das Wasser etwas «weicher» zu machen. Etwa in Gegenden mit sehr kalkigem Wasser. Oder wenn das Baby eine besonders empfindliche Haut hat. Oder wenn es so gerne im Wasser planscht, daß man ihm den Spaß doch öfter gönnt. Dazu empfehlen heilpraktisch orientierte Ärzte, einen Kleieaufguß und etwas Molke zuzusetzen. Es gibt auch entsprechende Badezusätze, meist in pulverisierter Form, zu kaufen.

Bei Babys mit einer angeborenen trockenen Haut oder mit allergischen Hautreaktionen (über die aber immer ein Fachmann urteilen sollte) empfehlen sich medizinische Ölbäder.

Der Neusser Kosmetik-Experte Dr. Dieter Wundram rät von kosmetischen Badezusätzen, auch von solchen, die speziell für Babys hergestellt sind, grundsätzlich ab. «Nicht nur daß der Schutzfilm der Haut unnötig angegriffen wird, diese Produkte benötigen zu ihrer Haltbarmachung Konservierungsmittel, die für die Babyhaut eine Belastung darstellen.»

Kinderquälerei

Zu den erwähnten unsinnigen Pflegemaßnahmen gehört es, einem gesunden Säugling täglich in der Ohrmuschel herumzupulen oder die Hautfalten zu traktieren.

Schiere Anleitung zur Kinderquälerei ist die Vorschrift, nach jedem Bad sämtliche Hautfalten sowie die Finger- und Zehenzwischenräume «sorgfältig» abzutrocknen. Solche Prozeduren sind überflüssig, es sei denn, da grassiert gerade ein Pilz in der Familie. Man läßt sein Baby besser noch ein bißchen unbekleidet in der warmen Zimmerluft strampeln, wenn man die Restfeuchte fürchtet. Das macht dem Baby mehr Spaß und schont die eigenen Nerven. Wer sein Kind in Naturfasern kleidet, die die Feuchtigkeitsregulierung des Körpers nicht behindern, braucht sich darum erst recht keine Sorgen zu machen.

Bei älteren Säuglingen und Kleinkindern sieht es mit der Reinigung anders aus als bei den ganz Kleinen. Die halb- bis einjährigen Aktivisten, die ohne Unterlaß über den Fußboden rollen, krauchen, robben oder krabbeln, die draußen in Buggys oder Sportwagen inmitten des untersten Meters konzen-

Seifen und Syndets

	Preis[1]	Tensid	pH-Wert	Deostoffe	Bewertung
Nivea Baby, Baby Seife; Beiersdorf, 2000 Hamburg	1,29	Seife	10,7	n.n.	empf.
Penaten Baby Seife; Dr. Riese, 5340 Rhöndorf	1,29	Seife	10,8	n.n.	empf.
sana Luxus-Baby-Seife; Luhns, 5600 Wuppertal	0,63	Seife	10,8	n.n.	empf.
Weleda Calendula-Kinderseife; Weleda, 7070 Schwäbisch-Gmünd	3,75	Seife	10,6	n.n.	empf.
seba med Baby, Baby-Waschstück; Sebapharma, 5407 Boppard	2,99	**NLS**	5,5	n.n.	e. empf.

Fett gedruckt: führt zur Abwertung
1) Preis pro 100 g in DM
n.n. – nicht nachweisbar
NLS – Natriumlaurylsulfat gemischt mit anderen Tensiden

empf. – empfehlenswert
e. empf. – eingeschränkt empfehlenswert
Stand: März 1988

trierter Auspuffgase spazierengeschoben werden; erst recht aber die Ein- bis Zweijährigen, die ihre Nasen in jeden Gulli stecken, brauchen schon öfter eine gewisse «Dekontamination».

Die morgendliche große Wäsche ist aus naheliegenden Gründen unangebracht. Kinder, die es mögen, können morgens natürlich mit einem warmen, feuchten Lappen ein wenig erfrischt werden. Die meisten mögen es allerdings nicht. Unverzichtbar ist dafür mehrmaliges Waschen der Finger, die in diesem Alter nun mal sehr oft in Mund und Nasenlöcher wandern.

Ansonsten konzentriert man sich am besten auf die abendliche Vollreinigung, wenn das Kleine rechtschaffen dreckig heimgekehrt ist und bevor es in der Nacht eine (hoffentlich) längere Tätigkeitspause einlegt. Nichts wäre dann freilich verkehrter, als das Kind mitsamt dem ihm anhaftenden Schmutz in eine warme Seifen- bzw. Syndet-Brühe zu setzen. Durch die davon erst aufgeschlossene Haut geraten eventuelle Schadstoffe um so leichter in den Körper.

NLS – Ein Schwermetall-Transporter

Auch in diesem Zusammenhang warnt Dieter Wundram vor sogenannten «modernen Waschsubstanzen». Es sei bereits beobachtet worden, daß «in Verbindung mit den oft eingesetzten Stoffen Polyglykoläther und Natriumlaurylsulfat (NLS) Schwermetalle über die Haut aufgenommen werden. Das ist erst recht bei kleinen Kindern der Fall, deren Haut viel durchlässiger ist als die von Erwachsenen». Fast alle im vergangenen Herbst (ÖKO-TEST-Magazin 12/87) untersuchten Syndets enthielten NLS, darunter auch das einzige Babysyndet von «Seba med» (vgl. Tabelle). Wundram rät, Verschmutzungen, die sich mit Wasser allein nicht beseitigen lassen, «mit ganz normaler Seife» abzuwaschen.

Babyseifen sind deshalb sinnvoll, weil sie im allgemeinen wenig parfümiert sind und stärker rückfettend wirken als manche andere. Besser als ein Bad ist dann dennoch die Dusche, die weder dem Schmutz noch der Seife eine lange Einwirkzeit läßt. Für Kinder, die anschließend noch ein bißchen planschen wollen, kann man ein Warmwasserbad zusätzlich vorbereiten. Das vielfach in Eltern-Ratgebern angeratene Eincremen nach Dusche und Bad kann man dem Kind abends auf alle Fälle ersparen. Über Nacht hat die Haut ausreichend Zeit und Ruhe, sich zu generieren.

Babypflege

Ein natürlich wiederhergestellter Hautschutz bietet aber den besten Schutz für alle Schlammschlachten des kommenden Tages.

Mehr Aufmerksamkeit als der Rest des Körpers brauchen Po und Genitalbereich der Wickelkinder. Bei Neugeborenen sind, insbesondere, wenn sie gestillt werden, Kot und Urin allein noch nicht aggressiv. Treffen sie aber zusammen, entsteht eine alkalische Verbindung, die die Haut angreift. Trotzdem ist ein solches «Ereignis» kein Grund, einen Spaziergang abzubrechen oder gar das Kind aus dem Schlaf zu reißen.

Um das Baby vor Wundsein zu schützen, wird eine Vielzahl von Produkten angeboten: Puder, Cremes, Öl und Wundcremes. Angehende Eltern bekommen die Produktpalette in Form von Probepäckchen schon in der Entbindungsklinik in die Hände gedrückt. Was sie aber nicht vom Hersteller erfahren: Die Artikel schließen sich in ihrer Anwendung größtenteils gegenseitig aus.

Puder darf z. B. nur in Kombination mit Wasser und Seife, keinesfalls zusammen mit ölhaltigen Produkten verwendet werden. Sonst bilden sich kleine harte Bröckel, die an der zarten Haut reiben. Viele Kinderärzte raten von Puder ganz ab. Der feine Staub kann die Atemwege belasten. In größeren Mengen eingeatmet, kann er sogar zur Lungenentzündung führen.

Weniger heikel für die Kinder und für die Eltern überdies bequemer ist die Reinigung und der Hautschutz mit Öl und Creme. In vielen Fällen kann auf eine Vorreinigung mit Wasser verzichtet werden. Man wischt mit einem ölgetränkten Zellstofftuch (Sonnenblumenöl oder sonstiges gutes Haushaltsöl) zuerst die Genitalien und dann den Po sauber. Die dünne Ölschicht, die dabei auf der Haut zurückbleibt, ist für die meisten Babys Schutz genug. Eine weitere Schicht «Pflegecreme» würde lediglich von der Windel aufgesaugt. Kindern, die wund geworden sind, hilft man mit einer abdeckenden Wundcreme. Die haftet übrigens nicht auf der Haut, wenn die darunterliegende Creme- oder Ölschicht zu dick ist.

Manche Eltern ziehen den speziellen Baby-Präparaten aus der Drogerie ihre hauseigenen

Mittel vor. Sie nehmen zum Beispiel Oliven- oder Sonnenblumenöl für die Po-Pflege ihrer Kinder. Damit haben sie die Gewähr, daß der Schadstoffgehalt den Lebensmittelgesetzen entsprechend niedrig ist und daß keine hautreizenden Parfüms enthalten sind.

Dieter Wundram hält auch aus einem anderen Grund diese Wahl für richtig: «Da die kosmetischen Öl-Produkte kein Haltbarkeitsdatum tragen, muß man vermuten, daß sie Konservierungsstoffe enthalten, die für Säuglinge grundsätzlich nicht zu empfehlen sind. Oder aber die Öle sind nicht pflanzlicher Herkunft, sondern aus Paraffin, einem Abfallprodukt aus der Erdölraffinierung, gewonnen.

Als Ersatz für Baby-Wundsalben verwenden Eltern aber auch oft Johanniskraut- oder Calendulaöl in Kombination mit Zinkpaste oder Lebertransalbe. Diese Wahl ist schon riskanter. Denn möglicherweise ist der Gehalt an Pestizid-Rückständen höher als bei den vom ÖKO-TEST-Magazin untersuchten Pflege-Präparaten.

Haare: kurz und schmerzlos

Ein leidiges Problem in so mancher häuslichen Badestube ist das Haarewaschen. Kinder unter drei Jahren pflegen wie am Spieß zu schreien, sobald sie nur einen kleinen Guß Wasser über den Kopf bekommen. Auch bemühte Eltern scheitern mit ihren Versuchen, die Prozedur als «großen Spaß» aufzuziehen. Kommt nur ein wenig Seife in die Augen (und kein Kleinkind schafft es, die Augen längere Zeit zuzukneifen), dann hört der Spaß ganz auf, und zwar solange das kleine Erinnerungsvermögen anhält. Das kann Wochen dauern.

Gerade in den Haaren sammelt sich aber eine Menge Staub an, der neben Bakterien und Pilzen auch ein bißchen Industriegesellschafts-Müll beherbergt. Werden die Haare ausgebürstet, geraten die schädlichen Stoffe leicht in die Atemwege. Über die Zwischenlagerung auf Kopfkissen, Laken oder Schmusetier kommen sie auch mit den Schleimhäuten

Shampoos

	Verpackung	Preis für 100 ml	Tensidgehalt in %	Formaldehyd 1)	Dioxan 1)	pH-Wert	Bewertung
Bebe – Pflege-Shampoo, Dr. Riese, 5340 Bad Honnef	Sonstige	1,90	23	n.n.	n.n.	7,4	empf.
Bübchen – Kinder-Shampoo, Hermes, 4770 Soest	PVC 2)	2,00	16	n.n.	n.n.	6,7	empf.
Penaten Shampoo, Penaten, 5340 Bad Honnef	Sonstige	2,50	24	n.n.	n.n.	7,2	empf.
Provida – mildes Kindersh., Provida Cosmetic, 2800 Bremen	Sonstige	6,60	20	n.n.	n.n.	5,9	empf.
Sanosan – Baby Shampoo, Milupa, 6382 Friedrichsdorf	Sonstige	1,60	21	n.n.	n.n.	6,4	empf.
Tenglers – Baby Shampoo, Tengler, 3331 Räbke	Sonstige	2,75	22	n.n.	n.n.	8,4	empf. 3)
Fissan – Baby-Shampoo, Lingner + Fischer, 7580 Bühl	Sonstige	3,10	11	n.n.	**14**	7,2	e. empf.
Plantschi – Kinder Shampoo, Hinds, 2000 Norderstedt	Sonstige	2,00	18	n.n.	**9**	5,9	e. empf.
Seba med Baby – Kinder Sh., Sebapharma, 5407 Boppard	Sonstige	2,66	24	n.n.	**6**	5,4	e. empf.
CFA – Kindershampoo, Asam, 8432 Beilngries	Sonstige	0,83	15	n.n.	**32**	7,0	w. empf.
Guhl Shampoo-Konzentrat für Kinder, Guhl, 1000 Berlin	Glas	4,95	27	n.n.	**27**	5,2	w. empf.
Rausch – Baby Shampoo, Rausch, CH-Kreuzlingen	Sonstige	5,76	19	n.n.	**24**	7,2	w. empf.
Schauma – babymild, Schwarzkopf, 2000 Hamburg	PVC	0,54	19	n.n.	**22**	6,5	w. empf.
Babiflore – Baby-Shampoo, Yves Rocher, F-La Gacilly	Sonstige	3,45	12	**306**	**88**	6,4	n. empf.
I+M – Ringelblumen-Kindersh. I+M, 1000 Berlin 61	Glas	2,47	22	**81**	**9**	5,2	n.empf 3)4)
Logona – Baby + Kinder Sh., Logona, 3216 Salzhemmendorf 6	Metall	7,60	20	n.n.	**246**	8,1	n.empf 3)5)

1) In Milligramm pro Kilogramm
2) Laut Anbieter inzwischen Polyethylen-Flaschen
3) Laut Anbieter «Ohne Tierversuche» nach den Richtlinien des Deutschen Tierschutzbundes
4) Laut Anbieter inzwischen formaldehydfrei
5) Laut Anbieter inzwischen ohne Dioxan; belastete Charge wurde vom Markt genommen
n.n. – nicht nachweisbar

Sonstige – Polyethylen und ähnliche Kunsstoffe
fett gedruckt – führt zur Abwertung
empf. – empfehlenswert
e. empf. – eingeschränkt empfehlenswert
w. empf. – weniger empfehlenswert
n. empf. – nicht empfehlenswert
Stand: März 1988

der kleinen Schläfer in Kontakt.

Im Verhältnis zu dem, was unsere Kinder sonst alles schlucken müssen, mag das Quantum gering erscheinen. Wer es aber als «vermeidbare Belastung» ansieht, wählt für sein Kleinkind, wenn es das Haarewaschen nun mal nicht mag, am besten eine Kurzhaarfrisur. Dann kann man bei jeder Dusche den Schopf leicht mitbehandeln, ohne irgendwelche Zusätze zu verwenden und ohne längere Trockenprozeduren einzuplanen. Und wenn das Wasser allein zur Haarwäsche nicht mehr zu reichen scheint, probieren Sie es mit einem schaumig geschlagenen Eigelb: in die Haare einreiben und dann gut ausspülen. (Ansonsten siehe Tabelle.)

Shampoos, selbst Babyshampoos, sollte man bei den ganz Kleinen nicht oder nur ausnahmsweise verwenden. Auch wenn Dioxan und das krebsfördernde Formaldehyd auf dem Rückmarsch sind (siehe Tabelle).

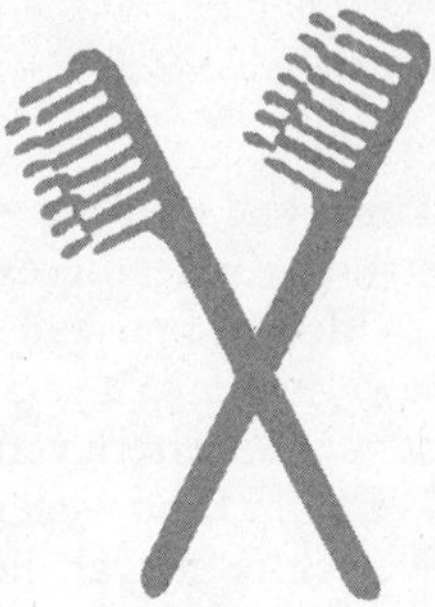

Zähneputzen nicht vergessen

Ein anderes Problem ist das Zähneputzen. Immerhin macht es den Kindern anfangs noch großen Spaß. Die eigene Zahnbürste ist ein willkommenes Geschenk zum zweiten Geburtstag. Der Stolz, von nun an ebenso damit werkeln zu dürfen wie die Großen, hält eine Weile vor, wenn man das neu erwachte Interesse nicht überstrapaziert. Die an sich richtige Regel: drei Minuten lang nach jeder Mahlzeit putzen, ist keinem zweijährigen Kind abzuverlangen, einem dreijährigen

Trotzkopf noch weniger! Auch der Versuch, Kinder dieses Alters zu «kleinen kreisenden Putzbewegungen» zu veranlassen, ist zum Scheitern verurteilt. Wenn Ihr Kind weder die Paste verschluckt noch die Borsten völlig zerbeißt, dürfen Sie die Unternehmung schon als großen Erfolg werten. Günstig ist es, dem Kind eine gewisse Regelmäßigkeit nahezubringen. Doch erst mit Vierjährigen kann man langsam die Drei-Minuten-Dauer einüben. Die Einführung einer witzigen Sanduhr im Badezimmer hilft bei dieser neuen Etappe.

Von allen im ÖKO-TEST-Heft 9/87 untersuchten Kinderzahncremes war keine frei von dem Zähne und Zahnfleisch angreifenden Schaumbildner Natriumlaurylsulfat (siehe Tabelle). Lediglich vier –

Zahncremes

	pH-Wert	Putzkörper[2]	Fluor	NLS	Bewertung
Blendi – Kinderzahncreme, Blendax, 6500 Mainz	7,0	0,2	ja	**ja**[1]	nicht empf.
Nenedent – Kinderzahncreme, Dentinox, 1000 Berlin 48	8,2	0,4	ja	**ja**	nicht empf.
Silidenti – Kinderzahncreme, Hübner, 7801 Ehrenkirchen 1	7,0	0,2	–	**ja**	nicht empf.
Vademecum Kinderzahncreme, Barnängen, 5020 Frechen	8,4	0,3	ja	**ja**	nicht empf.

Erläuterungen: NLS – Natriumlaurylsulfat; 1) vom Fernsehmagazin «Monitor» ermittelt;
2) Größe in Mikrometer;
fett gedruckt=führt zur Abwertung
nicht empf.=nicht empfehlenswert
Stand: März 1988

nicht speziell für Kinder angebotene – Zahncremes schnitten als empfehlenswert ab: *Blend-a-med* (Blendax), *Dentie* (Magnin-santé), *Perlweiss-Zahnweiss* (Murnauer Markenvertrieb), *Prodont med* (Aldi). Nicht im Test, aber NLS-frei ist die *Florin-Kinderzahncreme* (Angelika Trenkle; Tel. 09343/4434).

Weniger ist manchmal mehr. Das gilt auch bei der Babypflege. Verlassen Sie sich nicht auf überkommene Leitfäden, die unrealistische Ansprüche an Sie oder Ihr Kind stellen. Mit einem bißchen Sensibilität und gesundem Menschenverstand werden Sie im Umgang mit Ihrem Kind selbst erfahren, was Sie tun und was Sie besser lassen sollten.

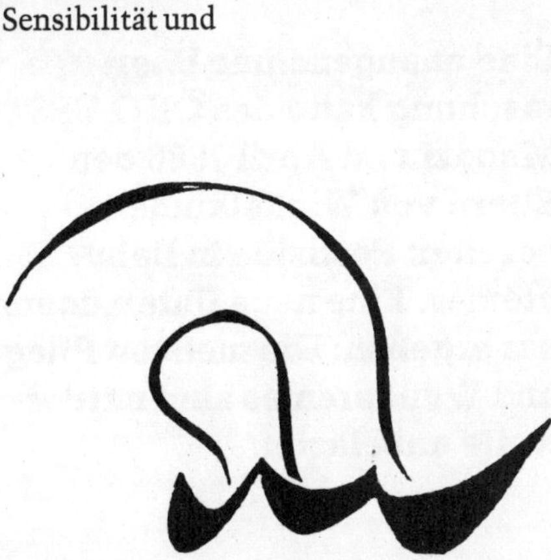

Öko-Test Baby- & Wundcremes

Eine unangenehme Überraschung hatte das ÖKO-TEST-Magazin im April 1986 den Eltern von Wickelkindern bereitet: Pestizide in Babycremes. Eine neue Untersuchung hat ergeben: Die meisten Pflege- und Wundcremes sind mittlerweile unbelastet.

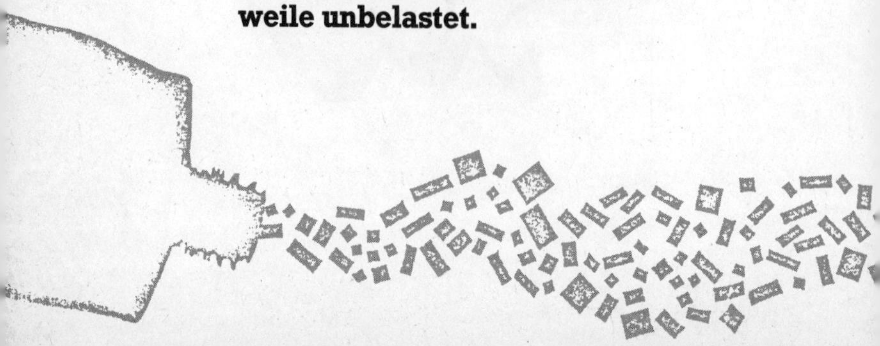

Sie heißen Lindan, Dieldrin, Endrin, DDT und haben oft genug negative Schlagzeilen gemacht. Die Pestizide aus der Landwirtschaft finden sich heute fast überall. Im Fisch wie im Fleisch, in Obst und Gemüse sowieso. Dem Säugling vergiften sie die Muttermilch. Manche Mütter müssen ihretwegen früher abstillen. Andere sind froh, wenn ihre Milch die Grenzwertmarke nicht ganz erreicht.

Wenn nicht durch den Mund, können die «Schädlingsbekämpfungsmittel» auch übers Hinterteil in den Körper des Babys gelangen, weil man die falsche Creme benutzt hat.

Glücklicherweise ist ein Mißgriff ins Verkaufsregal inzwischen wenig wahrscheinlich. Ein neuer ÖKO-TEST, durchgeführt vom Bremer Umweltlabor, hat gezeigt: 35 von 39 untersuchten Cremes und Salben sind nicht oder nur sehr gering, lediglich drei Produkte sind hochbelastet. Allerdings nicht mehr so stark mit Chlorkohlenwasserstoffen wie DDT und Lindan, sondern mit den jüngsten Mitgliedern der Pestizidfamilie, sogenannten Phosphorsäureestern wie Diazinon, Dichlofenthion, Bromophosethyl, Chlofenvinphos oder Carbophenothion. Heute noch weitgehend unbekannt, wird man sich diese Namen für die Zukunft merken müssen.

Selbstverständlich bewegen sich die Pestizidwerte im Mikrogramm-Bereich. Kleinste Mengen, die aber schon schlimme gesundheitliche Folgen haben können. Sie beeinträchtigen das zentrale Nervensystem, schädigen Leber und Nieren und führen schließlich zu chronischen Schäden bei der Blutbildung.

Das schwere Krampfgift Lindan darf folglich in der Bundesrepublik nicht mehr hergestellt, Dieldrin noch nicht einmal zum Bekämpfen von Insekten angewandt werden. Außerdem gehen beide Stoffe leicht unter die Haut, «vor allem bei wiederholter Einwirkung», warnen die «Merkblätter Gefährliche Arbeitsstoffe». Von einer fast hundertprozentigen Aufnahme geht auch Professor Heeschen

Baby- und Wundcremes im Überblick

	Preis[1)]	Menge[2)]	Organochlor[3)]	Phosphorsäureester[3)]	Formaldehyd[4)]	Bewertung
bebe, Zartcreme Penaten, 5340 Bad Honnef	3,89	150 ml	n.n.	n.n.	n.n.	empf.
Bepanthen Roche, Wund- und Heilsalbe La Roche, 7889 Grenzach	4,65	20 g	n.n.	n.n.	n.n.	empf.
Bübchen, Kinder Creme Bübchen, 4770 Soest	5,40	150 ml	n.n.	n.n.	n.n.	empf.
Bübchen, Kinder Kosmetik Creme Bübchen, 4770 Soest	3,99	75 ml	n.n.	n.n.	n.n.	empf.
Bübchen, Soft Creme Bübchen, 4770 Soest	4,79	150 ml	n.n.	n.n.	n.n.	empf.
Bübchen, Spezial-Wund-Schutzcreme Bübchen, 4770 Soest	8,58	100 ml	n.n.	n.n.	n.n.	empf.
Desitin, Wund- und Heilsalbe Desitin, 2000 Hamburg	5,75	30 g	n.n.	n.n.	n.n.	empf.
Fissan Babypflege, Kinder-Creme Lingner + Fischer, 7580 Bühl	3,69	150 ml	n.n.	n.n.	n.n.	empf.
Fissan Babypflege, Kinderöl Lingner + Fischer, 7580 Bühl	3,89	100 ml	n.n.	n.n.	n.n.	empf.
Fissan Nachtschutz, Kinder-Creme Lingner + Fischer, 7580 Bühl	8,30	250 ml	n.n.	n.n.	n.n.	empf.
Fissan Lebertransalbe Fink GmbH, 7033 Herrenberg	7,20	50 ml	15	45	n.n.	empf.
Florin, Wollfettcreme Trenkle, 6970 Lauda	9,60	40 ml	n.n.	n.n.	n.n.	empf.[5)]
Hametum Salbe Dr. Schwabe, 7500 Karlruhe	7,00	35 g	n.n.	n.n.	n.n.	empf.
Kamillosan, Wund- und Heilsalbe Homburg Degussa, 6000 Frankfurt	4,95	20 g	10	40	n.n.	empf.
Linden, Baby-Creme Linden, 8531 Markt Erlbach	16,00	50 ml	n.n.	n.n.	n.n.	empf.[5)]
Linden, Baby-Fettsalbe Linden, 8531 Markt Erlbach	16,60	50 ml	n.n.	n.n.	n.n.	empf.[5)]
Logona, Baby- und Kindercreme Logona, 3216 Salzhemmendorf 6	8,20	75 ml	n.n.	n.n.	n.n.	empf.
Mirfulan, Wund- und Heilsalbe Merckle, 7902 Blaubeuren	6,50	35 g	20	n.n.	n.n.	empf.
Mitosyl, Wund- und Heilsalbe Schürholz, 8000 München	9,60	65 g	n.n.	n.n.	n.n.	empf.
Panthenol-ratiopharm Salbe Ratiopharm, 7902 Blaubeuren	8,85	100 g	n.n.	n.n.	n.n.	empf.
Penaten, Babypflege- und Wundcreme Dr. Riese, 5340 Bad Honnef	6,50	150 ml	n.n.	n.n.	n.n.	empf.
Penaten-Creme, Haut- und Kinderpflege Dr. Riese, 5340 Bad Honnef	3,35	50 ml	n.n.	90	n.n.	empf.
Penaten, Gesichts- und Körperpflege Dr. Riese, 5340 Bad Honnef	4,89	150 ml	n.n.	n.n.	n.n.	empf.

	Preis[1]	Menge[2]	Organochlor[3]	Phosphorsäureester[6]	Formaldehyd[4]	Bewertung
Penaten Medical, Spezial-Wundschutzcreme Penaten, 5430 Bad Honnef	7,20	100 ml	n.n.	n.n.	n.n.	empf.
Provida, Calendula-Kamillen-Babycreme Provida, 2800 Bremen	6,50	50 ml	n.n.	n.n.	n.n.	empf.
Provida, Calendula-Kamillen-Kindercreme Provida, 2800 Bremen	6,90	50 ml	n.n.	45	n.n.	empf.[5]
Sanosan, Baby-Creme Milupa, 6382 Friedrichsdorf	4,25	150 ml	10	30	n.n.	empf.
Seba med Baby, Baby-Creme Sebapharma, 5407 Boppard	6,99	150 ml	n.n.	n.n.	n.n.	empf.
Seba med Baby, Baby-Creme extra weich Sebapharma, 5407 Boppard	8,95	200 ml	n.n.	n.n.	n.n.	empf.
Weleda, Calendula-Babycreme Weleda, 7070 Schwäbisch Gmünd	6,80	75 ml	n.n.	n.n.	n.n.	empf.
Weleda, Calendula-Kinderpflegecreme Weleda, 7070 SchwäbischGmünd	6,80	75 ml	10	15	n.n.	empf.
Baby mild + lind, Hautbalsam Börlind, 7260 Calw	9,80	100 ml	n.n.	**260**	n.n.	e. empf.
Dialon-Paste Engelhard, 6000 Frankfurt	7,41	50 g	**215**	**945**	n.n.	w.empf.[7]
Baby mild + lind, Pflegecreme Börlind, 7260 Calw	9,50	50 ml	n.n.	n.n.	**153**	n. empf.
Baby mild + lind, Schutzcreme Börlind, 7260 Calw	9,50	150 ml	n.n.	n.n.	**122**	n. empf.
Baby- und Kinder-Creme Makolpharm, 4100 Duisburg	8,60	150 ml	**1925**	**5900**	n.n.	n. empf.[7]
Nivea Baby, Baby-Creme Beiersdorf, 2000 Hamburg	6,85	100 ml	n.n.	n.n.	**270**	n. empf.
Risin Schnupfensalbe Pharma Stulln, 8470 Stulln	4,40	5 g	**1045**	**900**	n.n.	n. empf.
Swansol Wundsalbe Wörwag, 7000 Stuttgart	8,25	50 g	**175**	**4070**	n.n.	n. empf.

fett gedruckt: führt zur Abwertung
1) In DM
2) In Milliliter (ml) oder Gramm (g)
3) In Mikrogramm pro Kilogramm (µg/kg);
Organochlor = Gesamt DDT, HCH-Isomere, Lindan, Dieldrin
4) Gebundenes Formaldehyd in Milligramm pro Kilogramm (mg/kg)
5) Laut Hersteller «Ohne Tierversuche nach den Richtlinien des Deutschen Tierschutzbundes»
6) In µg/kg; Phosphorsäureester = Diazinon, Dichlorfenthion, Bromophosetyl, Chlorfenvinphos, Carbophenothion
7) Laut Hersteller inzwischen geringer belastet durch neue Rohstoffe
n.n. – nicht nachweisbar. Nachweisgrenze bei Phosphorsäureester 10 µg/kg je Einzelsubstanz; bei Organochlor 5 µg/kg; bei gebundenem Formaldehyd 50 mg/kg
empf. – empfehlenswert
e. empf. – eingeschränkt empfehlenswert
w. empf. – weniger empfehlenswert
n. empf. – nicht empfehlenswert
Stand: März 1988

vom Hygiene-Institut für Milchforschung in Kiel aus.

Während einige Pestizide daher auf der Verbotsliste der Kosmetik-Verordnung der Bundesrepublik stehen, kümmert sich das Deutsche Arzneibuch keinen Deut um solche Belastungen. Es enthält weder Grenzwerte, noch verlangt es Kontrollen.

Wie solche Gifte in Salben und Cremes gelangen, ist weitgehend geklärt. Die Pestizide werden nicht bei der Herstellung in die Mischung gerührt, sondern geraten über die verwendeten Rohstoffe ins Produkt. Dr. Cetinkaya vom Bremer Umweltinstitut: «Wir vermuten, daß die ermittelten Werte auf das Wollfett (Lanolin), Lebertran sowie Bienenwachs zurückzuführen sind.»

Zumindest die Probleme beim Lanolin sind sämtlichen Pharmaherstellern schon seit Jahr und Tag bekannt: die billigen Sorten enthalten viel Gift. Es gelangt ins Wollfett über Chemikalien, die beim Baden der Schafe gegen Insekten eingesetzt werden; in Australien, Südafrika, Südamerika. Gerade aus diesen Ländern bezieht die Deutsche Lanolin-Gesellschaft, die den deutschen Markt weitgehend bedient, ihre Ware.

Das Bundesgesundheitsamt spielte die Entdeckung des ÖKO-TEST-Magazins seinerzeit herunter. Die gemessenen Werte seien nicht gesundheitsgefährdend, ließ es verlauten. Um so erfreulicher, daß sich die meisten Hersteller davon nicht haben abhalten lassen, ihre Produktion umzustellen. Viele kündigten schon Wochen nach Erscheinen der Ausgabe ihre Absicht an, künftig nur noch pestizidfreies Lanolin einzukaufen. Allerdings hatten auch die Firmen Wörwag-Pharma (*Swansol*-Wundsalbe) und Pharma Stulln (*Risin*-Schnupfensalbe) gegenüber der Redaktion entsprechende Qualitätsverbesserungen versprochen, offensichtlich aber noch nicht vorgenommen.

Dafür hat sich der Branchen-Riese Hoffmann La Roche, der lange und ausgiebig auf der Unbedenklichkeit seiner damals vor allem mit Dieldrin belasteten *Bepanthen*-Salbe beharrte, inzwischen stillschweigend dem neuen Trend angeschlossen.

Der hat sich übrigens auch bei der Verwendung von Formaldehyd weitgehend durchgesetzt. Nur noch drei Cremes enthalten das verrufene Konservierungsmittel in gebundener Form.

Öko-Test Höschenwindeln

Windeln müssen hohen Ansprüchen genügen. Schließlich sind sie fast drei Jahre lang das wichtigste Kleidungsstück für Babys. Doch werden auch alle den Qualitätsanforderungen gerecht? Ein ÖKO-Test.

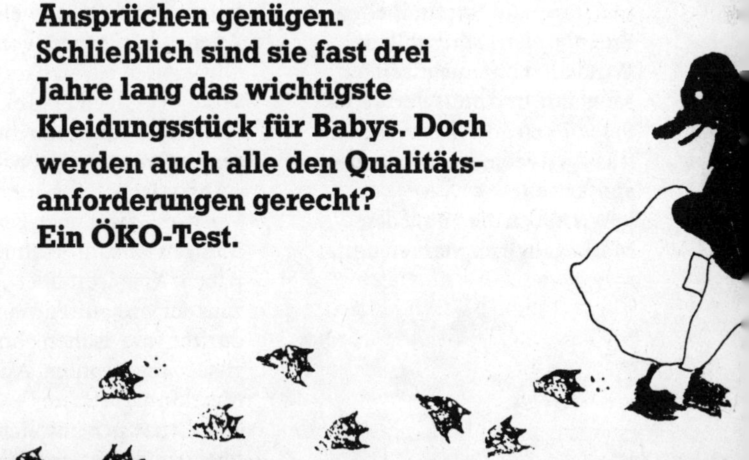

Höschenwindeln

«Untersucht doch mal die gängigen Windelhöschen auf Duft- und andere Fremdstoffe», bittet ÖKO-TEST-Leserin Ingrid Schmalhorst-Behrendt. «Ich kann mich des Eindrucks nicht erwehren, daß einige Sorten stinken. Dabei sind sie so verflucht praktisch, daß ich sie auch manchmal verwenden möchte.»

Windeln – das sind heute für 80 Prozent der Eltern Einmal-Windelhöschen vom Typ *Pampers, Moltex, Luvs* oder *Born*. Rund 6000 Stück davon verbraucht jedes Baby, bevor es selbst aufs Töpfchen geht. In den ersten Lebensjahren sind sie die wichtigsten Kleidungsstücke für die empfindlichen Erdenbürger. Daher sollten Windeln nicht nur gut sitzen, saugfähig und preiswert sein. Sie müssen auch frei von überflüssigen Fremd- und Schadstoffen sein.

Wir haben die 18 auf dem Markt gängigen Marken umfassend untersucht. Wir wollten wissen,

- ob die umschließenden Folien aus dem umstrittenen Kunststoff Polyvinylchlorid (PVC) bestehen;
- ob die Windeln selbst Konservierungsmittel,
- Parfüme,
- Pestizidrückstände aus den Rohstoffen der Zellulose,
- chlorierte Zellstoffabbauprodukte aus dem Bleichprozeß,
- Formaldehyd zur Desinfektion der Zellulose
- und optische Aufheller enthalten.

Positives Ergebnis

Das Testergebnis überraschte uns insgesamt positiv. Konservierungsmittel, Bleichrückstände, Pestizide, PVC und Formaldehyd konnten wir in keiner Windel nachweisen. Auch der Trend weg von den Duftstoffen hat sich fortgesetzt. In einigen Produkten wollen die empfindlichen Nasen unserer Tester von den «Analytischen Laboratorien Walwies» zwar noch geringe Mengen Parfüm erschnüffelt haben. Aber weit über 90 Prozent der verkauften Windeln dürften inzwischen ohne Duftzusatz auskommen. Auch Martkführer Procter + Gamble (P + G) hat sich nämlich davon überzeugen lassen, daß der verlockende Duft die Eltern eher

abschreckt als betört. Die äußerst kritische und mißtrauische Klientel weiß schließlich auch, daß «Parfüm und Hautschutz sich nicht vertragen», wie Dieter Kutznick von den Vereinigten Papierwerken (*Moltex, Born*) die Haltung des Kronprinzen der Branche beschreibt.

Auch andere Firmen wie Pelz & Co (*Die Wonnig Weichen*) verzichten bewußt auf Betörendes, «weil manche Kinder allergisch auf Parfüm reagieren», so Firmensprecher Michael Schumburg. Duftstoffe sind ohnehin überflüssig wie ein Kropf.

Unnütze Schönfärberei

Ebenso optische Aufheller. Sie lassen die weiße Watte noch weißer erscheinen. Dr. Norbert Ring, Forschungsleiter bei den Vereinigten Papierwerken, begründete den Einsatz der chemischen Strahlemänner in *Moltex* und *Born* mit der «Einstellung der Verbraucher, die strahlend weiße Hygieneartikel wollen». Dabei sind die Weißmacher nicht unumstritten. Sie sind zwar nicht akut giftig, aber ein «Krebsrisiko durch diese Stoffe kann nicht ausgeschlossen werden», heißt es in dem kritischen Bestseller «Chemie im Haushalt». Außerdem stehen sie im Verdacht, die Wundheilung zu verzögern. Dagegen wenden die Vereinigten Papierwerke ein: Diese Bedenken bezogen sich lediglich auf die freien Aufheller in Waschmitteln. In *Moltex* und *Born* dagegen seien die Strahlemänner fest eingebunden. Wie dem auch sei: Überflüssig sind sie allemal. Schließlich kann ein Großteil der Firmen seine Produkte auch ohne solche Schönfärberei verkaufen. Angeregt durch unseren ÖKO-TEST haben sich inzwischen auch die Vereinigten Papierwerke zum Verzicht auf die Weißmacher entschlossen.

Ein unzufriedener Opa

Die Idee, eine Höschenwindel zu entwickeln, hatte im Jahre 1956 Vic Mills, zufällig ein Mitarbeiter des amerikanischen Multis Procter + Gamble. Der babyhütende Groß-

Höschenwindeln

vater hatte die Unmengen an nasser Babywäsche und verschmutzten Stoffwindeln satt. Zurück im Büro, setzte er sich an die Arbeit, und fünf Jahre später brachte der Konzern die erste Höschenwindel auf den Markt. Ihr Name: *Pampers*, von to pamper = verwöhnen.

Ab 1973 gab es diese Windeln auch auf dem bundesdeutschen Markt. Der Erfolg war durchschlagend; heute benutzen über 80 Prozent der Eltern Höschenwindeln. Rund 10 Prozent schwören noch auf Stoffwindeln, weitere 10 Prozent greifen aus Kostengründen zur billigsten Wickelmethode: den Windelhöschen mit Einlagen.

In der Bundesrepublik setzte die Branche im vergangenen Jahr rund 820 Millionen DM um, die Hälfte allein Marktführer P + G. Sicherlich war nicht jeder unzufriedene Opa für den Konzern derart profitabel.

Seit der Einführung 1973 wurden die Höschenwindeln

immer wieder verbessert: durch wiederverschließbare Klebebänder, elastische Bündchen an den Beinen und körpergerechte Paßform beispielsweise. Die besondere Aufmerksamkeit der Hersteller gilt dem Schutz vor der sogenannten Windeldermatitis. Das ist eine schmerzhafte, rote Hautentzündung, unter der fast jedes Baby in der Wickelphase mindestens einmal leidet.

Bakterien unterm Plastik

Lange Zeit galt die Meinung, daß die Krankheit durch Höschenwindeln begünstigt werde, weil im feuchtwarmen Klima unter der luftdicht abgeschlossenen Plastikfolie die Keime besonders gut wachsen könnten. Inzwischen ist aber wohl erwiesen, daß letztlich kein Unterschied zwischen Stoff- und Höschenwindeln in der Hautverträglichkeit besteht.

«Erkennbare Vorteile» sogar bescheinigt der Direktor der Dortmunder Hautklinik, Prof. Hagen Tronnier, der neuesten Entwicklung aus dem Hause P + G: der *Ultra-Pampers*. In sie sind gelatineartige Quellkörper eingearbeitet, die die Feuchtigkeit nicht mehr aufsaugen, sondern fast vollständig binden. So kann das Rücknässen aus der Windel gänzlich verhindert werden. Das ist wichtig, weil bei der Vermi-

Höschenwindeln im Überblick

	Größe	Konservierung	PVC	Pestizide	Formaldehyd	Aufheller	Bleichung	Bewertung
A+P–40 Elastic Höschenw. Hamburger Waren Kontor, 2000 HH	4–10 kg	n.n	n.n.	n.n.	n.n.	n.n.	n.n.	empf.
Die Wonnig Weichen–36 Höschenw. W. Pelz, 2362 Wahlstedt	ab 10 kg	n.n.	n.n.	n.n.	n.n.	n.n.	n.n.	empf.
Fissan Höschen-Windeln Ledysan, I-Triest	10–18 kg	n.n.	n.n.	n.n.	n.n.	n.n.	n.n.	empf.
KD–44 Höschen-Windeln, mini Tag-Vertriebs GmbH, 43 Mülheim	3–5 kg	n.n.	n.n.	n.n.	n.n.	n.n.	n.n.	empf.
Luvs-Höschenwindeln Procter + Gamble, 6231 Schwalbach	4–10 kg	n.n.	n.n.	n.n.	n.n.	n.n.	n.n.	empf.
LOVMI elastic, maxi Lovmi, 4000 Düsseldorf	9–18 kg	n.n.	n.n.	n.n.	n.n.	n.n.	n.n.	empf.
Mamia–36 Windelslips Aldi, 4330 Mülheim	ab 10 kg	n.n.	n.n.	n.n.	n.n.	n.n.	n.n.	empf.
Pampers–54 Super Procter + Gamble, 6231 Schwalbach	6–10 kg	n.n.	n.n.	n.n.	n.n.	n.n.	n.n.	empf.
Peaudouce–18 Junior Peaudouce, 4000 Düsseldorf	20–45 kg	n.n.	n.n.	n.n.	n.n.	n.n.	n.n.	empf.
Plus–30 Höschenwindeln Plus, 4330 Mülheim	4–10 kg	n.n.	n.n.	n.n.	n.n.	n.n.	n.n.	empf.
Poppy–36 Komfort Windelslips Panthos, 2110 Buchholz	ab 10 kg	n.n.	n.n.	n.n.	n.n.	n.n.	n.n.	empf.
Strampelpeter Fixis–48 Maxi P. Hartmann, 7920 Heidenheim	9–18 kg	n.n.	n.n.	n.n.	n.n.	n.n.	n.n.	empf.
blümia–36 Höschenwindeln Papierhygiene GmbH, 85 Nürnberg	9–18 kg	n.n.	n.n.	n.n.	n.n.	**ja**	n.n.	e. empf.
Born–Die Komfort Windeln Verein, Papierw., 85 Nürnberg 22	4–10 kg	n.n.	n.n.	n.n.	n.n.	**ja**	n.n.	e. empf.
Die Weissen–Baby Windelslips Die Weissen, 6000 Frankfurt	9–18 kg	n.n.	n.n.	n.n.	n.n.	**ja**	n.n.	e. empf.
Mola–36 Maxi Baby-Windelslips Hedwigstal, 5419 Raubach	9–18 kg	n.n.	n.n.	n.n.	n.n.	**ja**	n.n.	e. empf.
Moltex–Hautschutzwindel Verein. Papierw., 8500 Nürnberg 22	3–5 kg	n.n.	n.n.	n.n.	n.n.	**ja**	n.n.	e. empf.
Penny–Maxi-Baby-Windelslips PSI Lebensmittelh., 6000 Ffm 61	9–18 kg	n.n.	n.n.	n.n.	n.n.	**ja**	n.n.	e. empf.

fett gedruckt: führt zur Abwertung
n.n. – nicht nachweisbar
empf. – empfehlenswert
e. empf. – eingeschränkt empfehlenswert
Stand: März 1988

schung von Urin und Stuhl das aggressive Ammoniak entsteht, das den pH-Wert der Mischung und damit die hautschädigende Wirkung erhöht.

Die Vereinigten Papierwerke gehen mit ihrer neuen *Moltex Hautschutzwindel* einen anderen Weg. Mit einem Citratpuffer, «einem körpereigenen biologischen Hautschutzfaktor», der auf die Windel aufgetragen ist, stabilisiert man die Mischung Urin / Stuhl beim körpereigenen pH-Wert von 5,5. Diesem System bescheinigt der Chefarzt der Fürther Kinderklinik, Dr. Konrad Richter, daß das «Auftreten von Hautbefunden signifikant niedriger ist als bei herkömmlichen Windeln».

Schlechtes Öko-Gewissen

Vielen umweltbewußten Eltern machen Höschenwindeln ein schlechtes Öko-Gewissen. Pampers + Co. gelten geradezu als Paradebeispiel für Rohstoffverschwendung. Mit jedem Windelwechsel fliegt die Plastikfolie – ein Erdölprodukt – auf den immensen Müllberg, und für die Herstellung der Watte werden große Mengen Holz verbraucht. Auch die Zellstoffherstellung selbst ist alles andere als umweltfreundlich.

Aber Stoffwindeln sind ebenfalls nicht ganz ökounschuldig. Beim Waschen verbraucht man Energie und Wasser und belastet die Gewässer mit Waschmitteln. Daher kommt die Schweizer Zeitschrift *Test* zu dem Ergebnis: «Für welche Wickelmethode sich eine Mutter auch immer entscheidet – in Sachen Umweltschutz halten sie sich die Waage.» Für die hessische Verbraucherzentrale bedeutet das: «Die umweltfreundliche Windel ist noch nicht erfunden.» Von den Herstellern fordern die Verbraucherschützer daher: «Diese Produkte müssen so beschaffen sein, daß sie schadstofffrei kompostiert werden können.»

Das scheitert derzeit vor allem an der Plastikfolie. Es gibt zwar inzwischen mit *Biopol* vom englischen ICI-Konzern einen «Bio-Kunststoff». Der eignet sich derzeit jedoch noch nicht für die Windelhöschen. «Aber in wenigen Jahren», so Dr. Detlef Schermer, bei P + G zuständig für die Produktsicherheit, «dürfte auch das geschafft sein.»

Schnuller

Eigentlich heißen sie Sauger und sind zum Trinken oder Nuckeln da. Außer denen aus Kautschuk, die es schon immer gab, gibt es nun auch die «klinisch reinen» aus Silikon. Wissen Sie eigentlich, auf was Ihr Nachwuchs herumkaut?

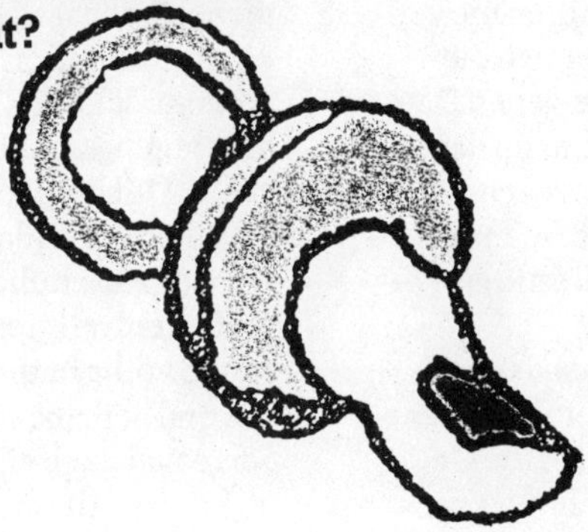

Nuckeln ohne Nebenwirkung

Carla Schulze, Mutter zweier Kinder, läßt die Schnuller-Frage völlig kalt: Ihre Sprößlinge haben nach Nuckelhilfen nie verlangt und versüßen sich die Stunden mit dem eigenen Daumen. Bettina Kaufmann dagegen weiß von ihrem eben zweijährigen Patenkind: «Ohne Schnuller würde die nie einschlafen.»

Der zweite Fall ist der typischere: Ungeachtet aller öffentlichen Debatten über die Gefahren schiefen Zahnwuchses gehören Trink- und Beruhigungssauger zum selbstverständlichen Outfit von Millionen Kleinkindern, zum unverzichtbaren Repertoire mütterlicher Stillhaltestrategien. Kein Gedanke, aus welchem Stoff die Kinderträume sind? Durchaus: «Immer wieder ekele ich mich vor den Saugern auf Baby-Flaschen, die älter als drei Monate alt sind», schreibt unsere Leserin Barbara O. «Die Sauger aus Gummi beginnen sich irgendwann aufzulösen. Das geht bis zu einem Stadium, wo man mit den Fingern am Sauger kleben bleibt. Woraus besteht so ein Sauger? Warum löst er sich auf?»

Ich gebe die Frage weiter an die Expertenmannschaft aus dem Hause MAPA, die mir gegenübersitzt, und lege zu Demonstrationszwecken eine kleine Kollektion von dunkelbraun-bröckligen Trink- und Beruhigungsschnullern auf den Tisch. Unbenutzte Exemplare, die allein durch das Liegenlassen jede Ansehnlichkeit und Festigkeit verloren haben. Das sei ein völlig natürlicher Prozeß und beileibe kein Anlaß zu Sorge und Ekel. «Die Dinger müssen bestimmt ein Jahr herumgelegen haben», meint MAPA-Produktionsleiter Seitz. Stimmt. Gerade die sichtbare Alterung ist, so erfahre ich, ein Zeichen für die Unbedenklichkeit von Latex-Schnullern.

Milch – und noch ein paar Zusätze

Latex – das ist das Stichwort. 95 Prozent der auf dem Markt angebotenen Sauger sind aus dem Saft des Kautschukbaums, aus Latex. Oder doch wenigstens teilweise. Denn so ganz unverfälschte Natur ist es denn auch wieder nicht, was den

Kleinsten zwischen die ersten Zähne geschoben wird.

Um aus dem weißlichen Milchsaft von Hevea brasiliensis einen Schnuller-Zutzen zu machen, bedarf es schon einiger Eingriffe in die Natur: Schon am Gewinnungsort im fernen Südostasien muß der Saft unter Zugabe geringster Ammoniakanteile stabilisiert werden; bei den Schnullerfabrikanten käme sonst nur ein bröckliger, saugeruntauglicher Latexklumpen an. Bei der Produktion werden weitere Zusatzstoffe zugegeben. Schwefel beispielsweise «vernetzt» das Material. Dithiocarbamate und Thiazole beschleunigen die Vulkanisation des Gummi-Produkts. Zinkoxide regulieren den Härtegrad.

Alle diese Zugaben werden nur in geringsten Mengen eingesetzt. Höchstmengen gibt die Empfehlung XXI des Bundesgesundheitsamtes über «Bedarfsgegenstände auf Basis von Natur- und Synthesekautschuk» vor. Eine Gefährdung des sukkelnden Kleinkinds ist nicht nur wegen der ausgesprochen geringen Mengen verwendeter Zusatzstoffe ausgeschlossen. Diese Stoffe sind im Sauger auch so fest gebunden, daß selbst rabiate Dauernuckler sich keine Gifte herausschlekken können.

Und die Unansehnlichkeit, die unsere Leserin argwöhnen ließ? «Ist ein ganz normaler Alterungsprozeß», erklärt der bei MAPA für die chemische Entwicklung zuständige Harald Niepel. Ein Sauger beginne in dem Augenblick, in dem er die Produktion verläßt, zu altern, fügt er hinzu. Technisch sei es kein Problem, dauerhaft schöne Kautschukschnuller herzustellen. «Das wäre aber nur mit dem Griff in die Chemiekiste möglich.» Der aber ist weder erlaubt noch erwünscht.

Schnuller also unbedenklich für den Dauergebrauch? Zunächst ja. Und das sogar im Hinblick auf die berüchtigten Nitrosamine. 1980 waren diese krebserregenden Stoffe auch in Schnullern gefunden worden. Hersteller wie Behörden reagierten prompt.: Die ersteren änderten Rezeptur und Verarbeitung. Eine im Dezember 1981 veröffentlichte «Nitrosamin-Bedarfsgegenstände-Verordnung» legte gesetzliche

Höchstmengen fest. Untersuchungen haben ergeben, daß der Gehalt an Nitrosaminen und nitrosierbaren Stoffen in Kautschuk-Schnullern die unzulässigen Höchstmengen weit unterschreitet.

Die Unruhe wegen der Nitrosamine hatte sich ein findiger Hersteller zunutze machen wollen. Garantierte Freiheit von Nitrosaminen gehörte zu den zugkräftigsten Argumenten, die den Einzug der Silikon-Sauger auf dem Markt begleitete. Die kristallklaren, durchsichtigen und allzeit wie neu aussehenden Silikon-Sauger konnten dennoch bis heute nur einen geringen Marktanteil – rund fünf Prozent – erobern.

Von der Optik her sind die Silikon-Sauger der Kautschukkonkurrenz tatsächlich haushoch überlegen. Wie aber steht es um die chemische Unbedenklichkeit dieser Erzeugnisse rein chemischer Produktion?

Flüchtige Schweinerei

Diplom-Ingenieur Peter Röhrig von der Firma MAM im Wiener Himmelschlüsselweg zögert keine Sekunde: Chemisch sind Silikonsauger, wenn sie erst einmal die Herstellung verlassen, völlig unproblematisch. Immerhin wird der gleiche Werkstoff ja auch in ganz sensiblen medizinischen Bereichen verwendet, etwas als Implantat. Bei der Bitte um eine lückenlose Unbedenklichkeitsbescheinigung für Silikon zögert Peter Röhrig allerdings. Immerhin, so wendet er ein, müßten Silikon-Schnuller, bevor sie das Werk verlassen, rund vier Stunden bei 240 °C «getempert», das heißt, mit heißer Luft gewaschen werden. Dabei würden flüchtige Bestandteile, die aus der Produktion des Rohsilikons stammen, herausgeblasen. «Und dann haben's lauter Schwaden im Raum.» Mit den Schwaden meint er chemische Rückstände, und aus dem Zögern von Ingenieur Röhrig läßt sich unschwer schließen, daß er die Produktionsbedingungen von Silikon für eine ausgemachte Schweinerei hält.

Dem Fertigprodukt attestiert er jedoch noch einmal völlige Unbedenklichkeit in hygienischer Hinsicht. Gibt es auch andere Hinsichten? Ja, die gibt es. Das Problem ist den Herstellern, die allesamt längst Silikonsauger-Kollektionen auf den Markt gebracht haben, bekannt. Bei Schnullern aus Silikon hapert es mit der Reißfestigkeit. Genauer: mit der Weiterreißfähigkeit. Ziehen und Zerren können Sie an einem nagelneuen Silikon-Sauger genauso wie an einem Exemplar aus Kautschuk. Der Unterschied ist erst dann zu merken, wenn der Sauger zuvor leicht eingekerbt wurde: wie von scharfen Kinderzähnchen etwa. Da ist der Silikonsauger im Nu zerkleinert.

Bei Zahnwuchs aufgepaßt

Ein theoretisches Problem? Ganz und gar nicht. Gerade die ersten Kinderzähne nämlich sind besonders scharf. Spätestens wenn die auftauchen, ist bei der Verwendung von Silikon-Beruhigungssaugern Vorsicht geboten. Die Empfehlung, Beruhigungssauger aus Silikon während der ersten 16 (Chicco) bzw. 18 (MAPA) Lebensmonate zu benutzen, hält Peter Röhrig deswegen für hochgradig gefährlich. Allenfalls für die ersten 6 bis 8 Monate seien Silikon-Sauger empfehlenswert. Sobald sich die ersten Milchzähne meldeten, müsse unbedingt auf Kautschuk-Sauger umgestiegen werden. Wohlgemerkt: Dies gilt für Beruhigungssauger, die oft stundenlang abgenuckelt oder beknabbert werden. Was Trinksauger betrifft, hält auch Ingenieur Röhrig Silikon für einen ausgezeichneten Werkstoff.

Entscheidungsqualen bei der Schnuller-Wahl? Das muß nicht sein. Flaschensauger aus Silikon bieten sich wegen ihrer hohen Haltbarkeit geradezu an: Anders als Kautschuksauger können sie «ewig» ausgekocht werden, ohne an Festigkeit zu verlieren. Bei Beruhigungssaugern heißt es fühlen: Beim ersten Zahnen sollte von Silikon- auf Kautschukschnuller umgestiegen werden. Auch in den ersten Monaten sollten Silikonschnuller aber immer auf Verletzungen untersucht und notfalls ausgetauscht werden.

Soviel Achtsamkeit ist bei Flaschen- und Beruhigungssaugern aus Kautschuk überflüssig. Kautschuksauger zeigen ihren Alterungs- und Abnützungsprozeß von selbst an: durch Unansehnlichkeit. Und dann muß eben ein neuer her.

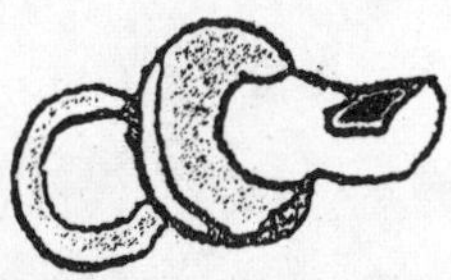

Foto: Gabriele Lorenzer

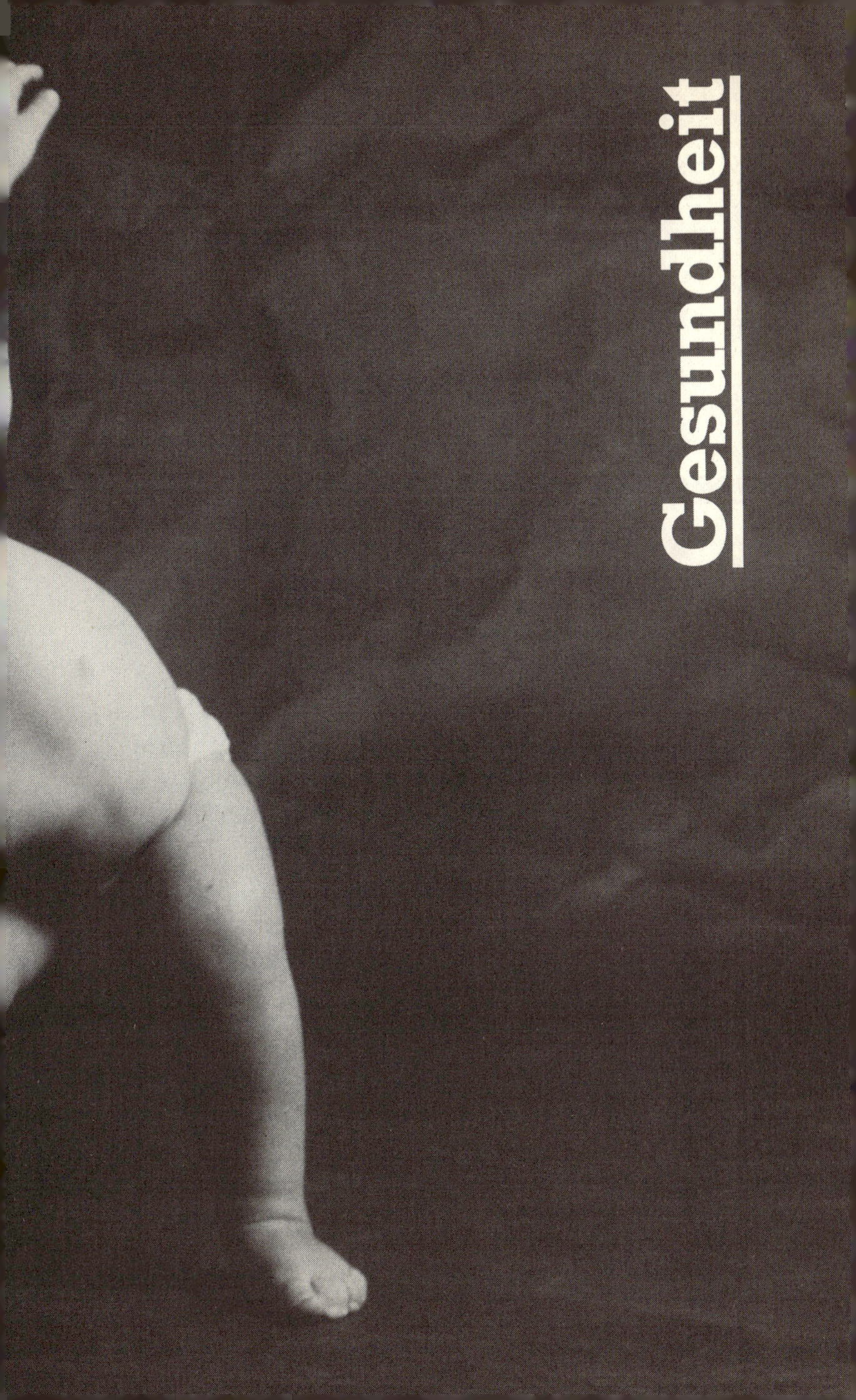

Gesundheit

Pseudokrupp

Krupp, krupp – schon der Name der Krankheit verdeutlicht die quälenden Atemgeräusche, die Kinder bei einem Pseudokrupp-Anfall von sich geben. Schätzungsweise jedes zehnte Kind in der Bundesrepublik ist davon betroffen. Doch die Luftverpester laufen nach wie vor auf vollen Touren.

Wenn Luft atemlos macht

Pünktlich zu Beginn der kalten Jahreszeit war es wieder soweit. Ein lautes Rasseln im Kinderzimmer schreckte Ursula und Michael Köhler, beide Erzieher im Hunsrück-Dorf Gödenroth, Anfang Oktober aus dem Schlaf. Sekunden später hielten die entsetzten Eltern ihren vierjährigen Jungen im Arm, der verzweifelt nach Luft rang. Bellender Husten setzte ein. «Er konnte nicht mehr sprechen, nur noch zum Fenster zeigen», berichtete die Mutter.

Was dem Kind die Luft nahm, ist eine Verengung im Bereich von Kehlkopf und Luftröhre durch eine akut einsetzende Schleimhautschwellung, so die medizinische Beschreibung von Pseudokrupp. Den ersten Anfall hatte Johannes mit sechs Monaten. Seither leben die Köhlers mit der «Angst im Nakken». In diesem Jahr war der erste Anfall besonders schlimm. Der spätnachts herbeigerufene Arzt mußte die Atemnot des Jungen mit Cortison lindern. Die Eltern bemühten sich redlich, dem Medizinerrat zu folgen: vor allem Ruhe bewahren. «Das ist leicht gesagt», klagt Ursula Köhler. Wer kann schon ruhig bleiben, wenn sein Kind zu ersticken droht?

Husten von Oktober bis März

Wie Johannes erlebt in der Bundesrepublik schätzungsweise jedes zehnte Kind zwischen fünf Monaten und zehn Jahren in bestimmten Abständen solche Pseudokrupp-Horrornächte. Und immer öfter kommen schwere Medikamente zum Einsatz. Der Umsatz des fast nur bei Pseudokrupp angewandten Cortison-Präparats Rectodelt schnellte senkrecht in die Höhe: von 110000 Mark 1966 auf fast 3,4 Millionen Mark im Jahr 1983. «Übereinstimmend beobachten Ärzte», erläutert Dr. Gotthard Matern, praktischer Arzt im fränkischen Schwarzenbruck, «daß Atemwegserkrankungen heute hartnäckiger verlaufen, schwerer auszuheilen sind, häufiger wiederkehren als früher.» Bei Kindern gehört dazu neben Pseudokrupp vor allem auch die spastische Bronchitits, das Asthma im Kindesalter. Der vierjährige Götz-Philipp «hustet von Oktober bis März», sagt seine Mutter Ursula Hambrock-Six, die sich in der Frankfurter Elterninitiative gegen Umweltbelastung dagegen wehrt, wodurch «Kinder zu Patienten gemacht werden»: verdreckte Luft.

Pseudokrupp ist überall

Doch nicht nur Kinder in stark verschmutzten Ballungsgebieten wie dem Ruhr- und dem Rhein-Main-Gebiet werden vom heimtückischen Pseudokrupp heimgesucht, wie das Beispiel des kranken Johannes aus dem Hunsrück-Ort Gödenroth zeigt. Die Ursache ist nicht eindeutig zu bestimmen. Der Pseudokrupp kann auch durch einen Infekt oder durch Allergene ausgelöst werden. Und spätestens seit dem Waldsterben ist auch klar, daß Schadstoffe vor dünn besiedelten Landstrichen nicht haltmachen. Vor allem, wenn sie aus hohen Schornsteinen kommen.

Der Essener Kinderarzt Dr. Berthold Mersmann spricht allenfalls noch von *relativen* Reinluftgebieten und sagt: «Ich sehe zu viele Pseudokrupp-Anfälle ohne Infektanzeichen», also die, die von der Luftbelastung herrühren. Mersmann schlug als einer der ersten – bereits 1980 – mit Hilfe der Elterninitiative Pseudokrupp Essen in der Öffentlichkeit Alarm. Der Mediziner verwies darauf, daß schon neun Jahre vorher die Frankfurter Autoren Bender und Jaklin in einer Studie den Zusammenhang zwischen Luftverschmutzung und Pseudokrupp feststellten.

Die wichtigste Rolle spielt dabei vermutlich Schwefeldioxid (SO_2), von dem jährlich in der Bundesrepublik rund drei Millionen Tonnen in die Luft geblasen werden, über die Hälfte aus Kraft- und Heizwerken. Die stechend riechende chemische Verbindung aus Schwefel und Sauerstoff gilt als eine der Hauptursachen für das Waldsterben und wirkt beim Menschen «echt ätzend». Sie bildet auf den feuchten Schleimhäuten eine Säure und verursacht so Reizungen. Daher bekommen Kinder aus belasteten Gebieten selbst dann noch Pseudokrupp, wenn die Eltern in ein Wohngebiet mit besserer Luft gezogen sind. Bei schon chronisch kranken Schleimhäuten haben Keime und Viren nämlich ein leichtes Spiel.

Brisante Schadstoff-Mischung

Als besonders pseudokruppverdächtig gilt Schwefeldioxid in Verbindung mit Feinstäuben. Diese Mischung wird noch brisanter, wenn sich im Winter bei einer sogenannten Inversionswetterlage (von lateinisch invertere = umkehren) eine warme Luftschicht über die kalte Luft am Boden schiebt und die Schadstoffe am Aufsteigen hindert. Das ist die Voraussetzung für die Entstehung von Smog. Spitzenbelastungen entstehen, wenn es während der sogenannten austauscharmen Wetterlage noch windstill ist. Da kann es vorkommen, daß Dr. Mersmann über 20 Pseudokrupp-Anfälle innerhalb von zwei Stunden behandeln muß.

Mehr Dreck, mehr kranke Kinder

Daß auch die Dauer-Luftverschmutzung zu den Verursachern von Pseudokrupp gehört, wird ebenfalls von vielen Ärzten längst nicht mehr bezweifelt. Zu den bedeutendsten von zahlreichen Studien zu diesem Problem gehört die Arbeit des Chefs der Duisburger Kinderklinik, Professor Harald Haupt. In einer vier Jahre umfassenden Untersuchung wurden die Häufigkeiten von Pseudokrupp und Kleinkindbronchitis in Wohngebieten mit unterschiedlich starker Schwefeldioxid- und Staubbelastung verglichen. Die Studie ergab einen «gesicherten Zusammenhang zwischen hohen SO_2-beziehungsweise Staubwerten und hoher Erkältungshäufigkeit». Kinder in stark verschmutzten Gebieten litten demnach dreimal häufiger an Pseudokrupp.

Auch zahlreiche US-amerikanische Studien zeigten, daß in Orten mit erhöhter Luftbelastung die Pseudokrupp-Krankheit 1,5 bis dreimal sooft wie in Orten mit niedriger Verschmutzung auftrat.

Lediglich im industriefreundlichen Bayern scheint dreckige Luft harmloser zu sein. Eine im Auftrag des bayerischen Umweltministeriums an der Universitäts-Kinderklinik Erlangen erfolgte Untersuchung ergab, daß eine Zunahme der Pseudokrupp-Fälle den gemessenen Schwefeldioxid-Spitzenwerten jeweils um einen oder zwei Tage vorausgeeilt war. Ergo sei ein ursächlicher Zusammenhang zwischen Luftverschmutzung und Pseudokrupp nicht nachweisbar.

Kinder als Meßpegel

Dr. Gotthard Matern, Arzt für Allgemeinmedizin im fränkischen Schwarzenbruck, bringt diese Schlußfolgerung in Rage. «Da ist doch ein Zusammenhang», sagt der Mediziner, denn das Atemsystem der Kinder könne schon viel früher ansprechen als die technischen Meßgeräte. Auch für Dr. Mersmann sind die Kleinen schon in der «Vorphase» der erhöhten Luftverschmutzung «hochempfindliche Indikatoren». Kinder als Meßpegel für die Luftbelastung vor Ort?

Eltern wollten das nicht mehr hinnehmen und formierten sich bereits seit einigen Jahren zu bundesweit über 100 Initiativen wider die Vergiftung der Kleinen. Ihre Bemühungen zeitigen unterschiedlichen Erfolg. Die Frankfurter Initiative gegen Umweltbelastung etwa liegt seit langem ohne Ergebnis im Clinch mit den Stadtbehörden, von denen sie unter anderem Verkehrsberuhigung und mehr Radwege fordert.

Mehr politische Schlagkraft bewies die Schwabacher Elternvereinigung gegen Luftverschmutzung und Häufung von Atemwegserkrankungen. Die Betreiber der nahen Sondermüllverbrennungsanlage, aus deren Qualm-Windrichtung stets die meisten Pseudokrupp- und Asthmafälle gemeldet wurden, mußten schließlich eine Anlage zur Rauchgaswäsche einbauen. Vergeblich stemmten sich die Eltern allerdings gegen die Errichtung einer noch größeren Verbrennungsanlage gleichen Typs. Dabei erhielt das fränkische Schwabach schon vor drei Jahren traurige Bekanntheit als roter Klecks im deutschen Krebsatlas. An Krebs der Atmungsorgane starben hier 29 Prozent mehr Bürger als in anderen bayrischen Städten.

Wie die Schwabacher kämpfen die meisten Elterninitiativen auf kommunalpolitischer Ebene. Eine richtige Lobby auf Bundesebene haben die Pseudokrupp-Kinder aber nicht. Immerhin hat das Bundesgesundheitsamt von sich aus im letzten Jahr vorsichtig den Zusammenhang zwischen schlechter Luft und atemlosen Kindern zugegeben. Die Luftqualität, besonders die Konzentration von Luftschadstoffen wie Schwefeldioxid und Stickoxiden, sei neben anderen Faktoren «mitverantwortlich» für Pseudokrupp bei Kleinkindern, heißt es in einer Studie des BGA-Instituts für Wasser-, Boden- und Lufthygiene.

Die Aufgabe, aus solchen Erkenntnissen der obersten Gesundheitsbehörde Konsequenzen zu ziehen, obliegt dem Bundesumweltministerium. Das verweist auf ein Gesetzeswerk, das in der Bundesrepublik die Luft verbessern soll: die Technische Anleitung (TA) Luft, deren neueste Fassung im März letzten Jahres in Kraft getreten ist. Während das Heidelberger Institut für Energie- und Umweltforschung ein erhöhtes Risiko für den Anstieg von Atemwegserkrankungen bereits ab 100 Mikrogramm Schwefeldioxid pro Kubikmeter Luft sieht, erlaubt die TA Luft als zulässigen Kurzzeitwert das Vierfache. Zudem sind die Kurzzeitwerte der TA Luft räumliche Mittelwerte für ein Gebiet von einem Quadratkilometer. Spitzenwerte können so mit niedrigeren Meßergebnissen «weggemittelt» werden.

Dicke Luft erlaubt

Beim Langzeit-Grenzwert, dem erlaubten Jahresmittel an SO_2-Immissionen, ist die Bundesregierung im Vergleich mit anderen Ländern ebenfalls äußerst großzügig. Bei uns sind 140 Mikrogramm Schwefeldioxid pro Kubikmeter dicker Luft amtlich abgesegnet, in den USA sind es 80, in der Schweiz sogar nur 30 Mikrogramm. Eine Studie der Weltgesundheitsorganisation schlägt 40 bis 60 Mikrogramm vor.

Das IFEU-Institut kommt in seiner Studie «Gesundheitsschäden durch Luftverschmutzung» zu dem Schluß: «Die in der Bundesrepublik gängigen Grenzwerte tragen der möglichen Gefährdung von Risikogruppen nur ungenügend Rechnung.»

Kritische Wissenschaftler und Eltern beklagen zudem die «Grenzwertephilosophie», nach der nämlich solche Einzellimits von der falschen Annahme ausgingen, «vergiftete Luft ließe sich in ihren schädlichen Auswirkungen ‹begrenzen›, indem Einzelbelastungen verringert werden», so Beate von Devivere von der Frankfurter Elterninitiative gegen Umweltbelastung. Vielmehr müßten Schadstoffkombinationen, wie zum Beispiel Schwefeldioxid und Staub, berücksichtigt werden.

Bei der laschen Einführung von Entschwefelungsanlagen und Katalysatoren wird es nach Einschätzung der IFEU-Wissenschaftler noch Jahre dauern, bis diese Maßnahmen zu einer erheblichen Minderung der Luftbelastung führen. Vorläufig sind die kranken Kinder auf Privatmaßnahmen ihrer Eltern angewiesen. Nasse Handtücher im Kinderzimmer und Rauchverbot in der Wohnung zum Beispiel. Johannes' Eltern haben möglichst alle Schadstoffquellen aus dem Haus verbannt und ernähren ihren Sohn vollwertig. Schon fragen sie sich, wohin sie im nächsten Jahr in Urlaub fahren sollen. Da ist die Auswahl nicht mehr so groß. Höhenlagen, an denen Schadstoffwolken vorbeiziehen, sind jedenfalls ungeeignet. «Irgendwo mit möglichst viel See rundherum», empfiehlt Kinderarzt Mersmann als Urlaubsziel für Pseudokrupp-Familien. Doch die deutsche Ruhrpottluft ist nicht so leicht abzuhängen. Sie kommt, so stellten Messungen fest, sogar über den norwegischen Seen wieder herunter.

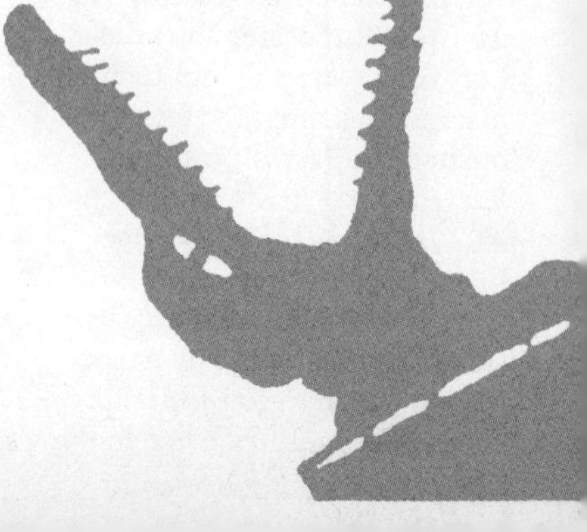

Allergien

Allergien bei Kindern werden immer häufiger. Fachleute vermuten hinter dieser Entwicklung die Unzahl von Fremdstoffen in unserer Umwelt. Betroffene Eltern haben sich bundesweit zu einer Selbsthilfe-Organisation zusammengeschlossen.

Jürgen juckt es sehr

«Vor Jahren noch weigerten sich die Krankenkassen, unserem an Asthma erkrankten Thorsten, der bei bestimmten Wetterlagen Erstickungsanfälle erlitt, ein Inhalationsgerät zu bezahlen. Heute sind wir stark, können unsere Rechte durchsetzen.» Heidi Riemenschneider, Mutter von vier allergiekranken Kindern, hat aus ihren Erfahrungen mit Institutionen, ärztlichen Fehldiagnosen und Therapien Konsequenzen gezogen: Sie gründete in Frankfurt eine Selbsthilfegruppe «Allergiekrankes Kind», um all das Erlebte weiterzugeben, aber auch um zu hören, wie andere mit den bedrückenden Schwierigkeiten, die tagtäglich im Umgang mit allergiekranken Kindern auftreten, zurechtkommen.

Auch Eva Diehl, Chemikerin, von Berufs wegen mit ökologischen Fragen beschäftigt und Mutter eines Kindes mit ausgeprägter Neurodermitis, rief vor zwei Jahren in Fulda eine Selbsthilfegruppe ins Leben. Dabei erwartete sie keine Patentrezepte für ihr krankes Kind. Sie wollte in erster Linie erfahren: «Wie werden andere Eltern mit dem Problem fertig, jahrelang nachts nie schlafen zu können, was ist mit den Geschwistern, wie soll das mit der Familie weitergehen?»

Tendenz: steigend

Noch vor rund 20 Jahren, so berichten Kinderärzte, standen Masern und Windpocken, Scharlach und Röteln oben auf der Liste der Kinderkrankheiten. Heute seien die Praxen gefüllt mit chronisch hustenden und schnupfenden Kindern, mit Säuglingen, die an Hautjucken, Nahrungsmittelallergien und allergischem Asthma litten.

Eine Umfrage der Herborner «Arbeitsgemeinschaft Allergiekrankes Kind e. V.» bei rund 600 Kinderärzten zeigte, daß insbesondere die Hautallergien, Heuschnupfen, Hausstaub- und Tierhaarallergien in den letzten Jahren stark zugenommen haben; 10 bis 20 Prozent der Kinder und Jugendlichen in der Bundesrepublik sollen von Allergien geplagt sein.

Dr. Mersmann, Arzt für Kinderheilkunde in Essen-Borbeck, der sich seit vielen Jahren mit der Problematik intensiv beschäftigt hat, meint dazu: «Die Kinder zählen auch hinsichtlich der Allergien zu den Risikogruppen. Ihr Immunsystem ist noch schwach und unausgereift. Offenbar deshalb können frühe Auseinandersetzungen mit Fremdstoffen prägend wirken. Dafür sprechen sehr viele Beobachtungen. Unter anderem auch, daß Kinder, die in schadstoffreichen Wintermonaten geboren werden, häufiger luftallergische Asthmatiker sind als andere Kinder.»

Der Deutsche Kinderschutzbund, der seinen Kinderschutztag im vergangenen Jahr unter das Thema «Kranke Umwelt – kranke Kinder» stellte, sieht in der Zunahme der Allergien ein Alarmsignal. Für diese Entwicklung machen die Kinderschützer vor allem die «rasant fortschreitende Vergiftung der gesamten Umwelt» verantwortlich.

Diesen Zusammenhang sieht auch Dr. Mersmann: «In Zukunft», so schätzt er, «werden die Allergien größere medizinische Bedeutung haben als die Infektionen. Dies wird um so sicherer eintreten, je weniger wir ernsthaft an der Verbesserung der Umwelt arbeiten. Es ist leider nicht damit getan, Grenzwerte festzulegen, denn Allergene haben keine dosisabhängige Wirkung. Helfen würde eine detaillierte Kennzeichnung aller Stoffe in Gebrauchsgütern und die langfristige Eliminierung der schädlichsten unter ihnen.»

Ein Patentrezept für die Behandlung gibt es derzeit nicht. Das kann es nicht geben, weil dem Arzt sowie dem Patienten nicht immer die Stoffe bekannt sind, auf die der Körper sensibel reagiert. Die neuesten Erfahrungen bei der Behandlung der Neurodermitis beispielsweise zeigen, daß gerade der verdeckten Nahrungsmittelallergie eine zentrale Bedeutung zukommt.

«Sich behandeln lassen», schreibt der Facharzt Michael Fieber in einem Rundbrief für Selbsthilfegruppen, «ist bei Allergien nicht möglich. Sich selbst richtig unter fachkundiger Anleitung behandeln scheint langfristig der einzige erfolgversprechende Weg.»

Selbst sind die Eltern!

Die Notwendigkeit, ihr Problem selbst in die Hand zu nehmen, brachte vor zirka zehn Jahren eine kleine Gruppe Eltern allergiegeplagter Kinder zusammen, die sich den Erfahrungsaustausch und die gegenseitige Hilfe vorgenommen hatte. Aus dieser Handvoll Eltern ist inzwischen eine Selbsthilfeorganisation geworden, die bundesweit über 4000 Mitgliedfamilien und 160 Regionalgruppen betreut: die «Arbeitsgemeinschaft Allergiekrankes Kind – Hilfen für Kinder mit Asthma, Ekzem und Heuschnupfen e. V.» (siehe «Adressen»). Ihr Hauptanliegen ist die Information über Ursachen und vor allem Behandlungsmöglichkeiten der Allergien mit ihren verschiedenen Gesichtern.

Die Organisation sammelt Erfahrungen von Eltern über erfolgversprechende Behandlungswege und «-umwege», und macht diese den betroffenen Interessenten zugänglich. Über ihren medizinisch-wissenschaftlichen Beirat hält sie engen Kontakt zu Ärzten und Therapeuten.

Eine wichtige Aufgabe sieht die Arbeitsgemeinschaft in der Außenvertretung der Betroffenen. Ihrer Meinung nach muß den Verantwortlichen in Politik und Gesellschaft stärker verdeutlicht werden, daß mit der neuen Volkskrankheit eine Vielzahl von medizinischen, sozialen, psychischen und rechtlichen Problemen verknüpft ist.

Kinderapotheke

«Mit einem Teelöffel Zucker» zur Medizin, meinen viele Eltern, sei's getan. Statt dessen sollten sie die natürliche Abneigung ihrer Kinder gegen Medikamente ernst nehmen und seltener in die meist viel zu üppig ausgestattete Hausapotheke greifen. Den Kindern bekäme das besser.

Kinderapotheke

Valium fürs Windelkind?

Der falsche Umgang mit Medikamenten wird früh gelernt. Wenn die Selbstheilungskräfte des Körpers und einfache therapeutische Maßnahmen, die den Heilungsprozeß unterstützen, bei Erwachsenen sowenig Beachtung finden, wie soll da das Kind lernen, seinen Krankheiten anders als mit Medikamenten zu begegnen?

Säuglinge und Kleinkinder reagieren auf viele Medikamente empfindlich und anders als Erwachsene. Stoffwechsel- und Ausscheidungsfunktionen, mit denen der Erwachsene den Körper entgiftet, entwickeln sich nur langsam. Selbst Schulkinder sollten deshalb nie «bewährte» Medikamente der Erwachsenen aus der Hausapotheke bekommen. Für Säuglinge und Kinder sind spezielle Arzneien im Handel. Tropfen und Säfte erleichtern die Einnahme bei kleinen Kindern. Ärgerlich sind aber der Zuckergehalt von Säften und der Alkoholgehalt von Tropfen – selbst in Präparaten, die für Säuglinge vorgesehen sind. Alle Medikamente, auch die «nur» apothekenpflichtigen, sollte man sich von einem Kinderarzt verordnen lassen. Nur wenige Kinderarzneien muß man im Haus für Notfälle greifbar haben.

Schmerz: Kinder können mit zunehmendem Alter Schmerzen besser benennen und lokalisieren. Verdauungsbedingte Leibschmerzen lindert eine Wärmflasche oder etwas Fencheltee, bei Kopfschmerzen helfen kalte Kompressen, Entspannung bzw. Ablenkung. Azetylsalizylsäurehaltige Mittel (Aspirin, ASS u. a.) sind für Säuglinge und Kinder nicht geeignet! Bei Halsschmerzen reichen ein Schal und viel trinken aus. Lindernd wirken vor allem Salbei- oder Kamillentee. Ältere Kinder können auch damit gurgeln. Sobald der Hals vereitert ist, muß der Arzt zu Rate gezogen werden, da bei einer Streptokokkeninfektion Herzschäden und rheumatisches Fieber die Folge sein können. Die Verordnung von Antibiotika ist dann sinnvoll.

Verletzungen: In jeden Haushalt gehören selbstverständlich Pflaster und Verbandszeug. Abschürfungen und kleine Schnittwunden brauchen keine Desinfektion, Salben oder Puder, sondern Luft und even-

tuell einen Verband. Bei leichten Verbrennungen und Verbrühungen hilft Kühlung durch kaltes Wasser. Sind die Schnittwunden tiefer oder die Verbrennungen gravierender, so sollte man sich besser vom Arzt helfen lassen. Kühlende Umschläge helfen Schwellungen bei Zerrungen und Verstauchungen zu lindern. Ansonsten sollte das Kind nicht gerade rennen, klettern oder toben, sich aber – nach Möglichkeit ohne Stützverband – normal bewegen und nicht ständig liegen. Gegen Insektenstiche hilft ausgezeichnet etwas Salmiakgeist, wenn er sofort aufgetragen wird. Aber Vorsicht: Die Tinktur keinesfalls dem Kind überlassen! Bei Bienen- und Wespenstichen wirkt das Abreiben mit einer frischen angeschnittenen Zwiebel entzündungshemmend.
Verstopfung: Es ist völlig normal, wenn Säuglinge und Kinder nicht jeden Tag Stuhlgang haben. Da Brustmilch keine Schlackenstoffe enthält, reicht es beim gestillten Säugling oft schon aus, etwas geriebenen Apfel oder Banane zuzufüttern. Beim Flaschenkind können der Fertigmilch 1–2 Teelöffel Milchzucker (Edelweiß u. a.) oder Maiskeimöl (Maizena) zugesetzt werden. Der Kinderarzt sollte erst bei anhaltender Verstopfung aufgesucht werden (Brustkind ca. 7 Tage; Flaschenkind ca. 3 Tage). Er verschreibt meist ein Miniklistier (Babylax u. a.). Bei älteren Kindern kommt der Stuhlgang durch ballasthaltige Nahrung wie Vollkornbrot oder eine Extraportion Leinsamen in Saft bzw. Joghurt oft von selbst wieder in Gang. Jede regelmäßige Anwendung von Abführmitteln – auch von «natürlichen», rein pflanzlichen – führt zur Gewöhnung.
Durchfall: Statt «Stuhlkosmetika» wie Kohle- oder Gerbsäurepräparate zu geben, läßt sich das Problem im allgemeinen über die Nahrung regulieren. Gute Erfolge bringen geriebener Apfel, Karotte und Banane – und das Vermeiden von Milch, Eiern und Fleisch; erst recht von Obstsäften, Ölsaaten u. a. treibender Nahrung. Für die Reise ist eine sogenannte Heilnahrung (Milupa u. a.) empfehlenswert. Durchfall bei Säuglingen, auch anhaltender

Durchfall bei älteren Kindern, erfordert vor allem ausreichende Flüssigkeitszufuhr. Günstig ist Fencheltee mit wenig Traubenzucker. Um den Salz- und Wasserhaushalt auszugleichen, verschreibt der Kinderarzt ein Elektrolyt-Präparat.

Husten: Vorhandener Schleim muß abgehustet werden. Dies erleichtert eine vermehrte Flüssigkeitszufuhr (Tee, Brühe etc.), die die Verflüssigung des Schleims begünstigt. Ätherische Öle wie Thymian und Eukalyptus steigern sicherlich das subjektive Wohlbefinden. Beim Säugling und Kleinkind werden sie besser nicht als Salben angewendet, da sie die Haut unnötig reizen können. Statt dessen empfehlen sich Tropfen, die auf Laken, Kopfkissen oder Pulli geträufelt werden (z. B. «Babix»). Keinesfalls dürfen Kinder kampferhaltige Präparate bekommen. Der Arzt kann bei quälendem nächtlichen Husten zusätzliche Medikamente verschreiben, die den Hustenreiz lindern und zugleich Kind und Eltern einen ruhigeren Schlaf verschaffen. Sie sind allerdings alle nicht frei von Nebenwirkungen.

Erkältungskrankheiten: Mit einer «laufenden Nase» haben kleine Kinder immer wieder zu kämpfen. Die Krankheit klingt nach wenigen Tagen auch ohne Medikamente von selbst wieder ab. Man sollte aber für hohe Luftfeuchtigkeit in den Räumen (feuchte Tücher ausbreiten) und viel Frischluft sorgen (nachts Fenster auflassen), damit die Nasenschleimhaut nicht austrocknet. Im allgemeinen reinigen bereits Säuglinge durch Niesen ihre verstopfte Nase selbst. Eltern sollten – wenn überhaupt – nur bei einem beidseitigen Verschluß «Hand anlegen». Nasentropfen, auch speziell für Babys angebotene, sind nur selten sinnvoll. Wirkungsvoller und harmloser zugleich ist eine Salzwasserlösung (0,9 %), die man in der Apotheke kaufen kann. Zur Selbstherstellung nimmt man einen gestrichenen Teelöffel Salz auf einen halben Liter Wasser. Vorsichtig mit der Pipette in das verstopfte Nasenloch träufeln. Von sogenannten Schnupfenmitteln ist abzuraten. Treten im Zusammenhang mit Schnupfen und Husten hohes Fieber und Lymphknotenschwellungen auf oder zeigen sich rote Pusteln und Flecken,

ist es angezeigt, mit dem Kind zum Arzt zu gehen.
Fieber: Kinder reagieren leicht mit erhöhter Temperatur bzw. Fieber (rektal / im Enddarm über 38 °C). Fieber ist im Prinzip eine normale Abwehrreaktion des Körpers und sollte nicht in jedem Fall unterdrückt werden. Unter anderem auch dann nicht, wenn das Kind normal aktiv ist. Bei hohem Fieber (über 39,5 °C) helfen außer speziellen Kinderzäpfchen (Ben-u-ron, Enelfa, Pasolind N u. v. a.) auch die altbewährten Wadenwickel. Wie man sie macht, steht in dem nebenstehenden Kasten. Wadenwickel und Fieberzäpfchen dürfen bei sehr hohem Fieber (ab 41 °C) nur als Erste-Hilfe-Maßnahmen angesehen werden. Den Arzt sollte man trotzdem rufen.

Impfen

Gesundheitsämter klagen: Nicht alle Kinder erhalten die empfohlenen Schutzimpfungen. Aber die Zurückhaltung der Eltern hat auch ihre Gründe.

Vorsorge mit Risiko

Diphterie, Kinderlähmung, Wundstarrkrampf – viele Krankheiten, gegen die Eltern ihre Kinder impfen lassen können, sind ihnen aus eigener Erfahrung nicht mehr bekannt. Andererseits wissen sie, daß sich Risiken bei Impfungen nie ganz ausschließen lassen. Und so beginnen sie, am Sinn vieler Impfungen zu zweifeln.

Richtig daran ist: Die Entscheidung für oder gegen eine Schutzimpfung ist nicht nur ein medizinisches Problem.

- Die Gefährlichkeit der zu verhütenden Krankheit und das Impfrisiko sind gegeneinander abzuwägen.
- Die individuellen Voraussetzungen jedes Kindes müssen berücksichtigt werden: Geschlecht, Alter, Gesundheitszustand, eventuell chronische Krankheiten oder Allergien.
- Die konkreten Lebensumstände spielen eine Rolle: Wird das Kind zum Beispiel durch die Unterbringung in einer Kinderkrippe vermutlich frühzeitig mit Kinderkrankheiten konfrontiert? Und kann es, wenn es etwa an Masern erkrankt, lange genug zu Hause behalten und gepflegt werden?
- Die Entscheidung *für* das Impfen kann aus Gründen sozialer Verantwortung fallen: Je mehr Menschen geimpft sind, um so stärker sind auch diejenigen mitgeschützt, die sich nicht haben impfen lassen (Beispiel: Kinderlähmung).
- Die Entscheidung *gegen* das Impfen kann aus entwicklungsmedizinischen Gründen fallen: Vor allem Ärzte der anthroposophischen Denkrichtung meinen, es sei für die seelische und körperliche Entwicklung von Kindern günstig, wenn sie einige Kinderkrankheiten durchmachen.

Bei einer Schutzimpfung wird der Organismus mit abgetöteten, «entgifteten» oder abgeschwächten Krankheitserregern konfrontiert und muß diese aktiv bekämpfen. Der Organismus bildet dann Antikörper und ist so gegen die Infektion mit den «echten» Erregern gewappnet, wird zumindest sehr viel leichter mit ihnen fertig. Da dies eine Belastung für den Körper ist, sollten Kinder (und auch Erwachsene) nur dann geimpft werden, wenn sie wirklich ganz gesund sind.

Die Immunität durch eine Schutzimpfung hält – im Gegensatz zur Immunität nach überstandener Krankheit – nur für begrenzte Zeit an. Wiederholungs-Impfungen sind also unbedingt notwendig; dies auch deshalb, weil gerade Kinderkrankheiten wie Masern und Mumps mit zunehmendem Alter komplikationsreicher verlaufen.

Ein weiterer Nachteil der Impfung betrifft die Immunität von Neugeborenen. Hat die Mutter beispielsweise selbst die Masern gehabt, dann ist der Säugling in den ersten Lebensmonaten gegen Masern immun: Die Mutter hat die eigene Immunität weitergegeben. Ist die Mutter aber gegen Masern nur geimpft worden, dann reicht die Immunität zur Weitergabe an den Säugling in der Regel nicht aus.

TB-Impfung in den ersten Tagen?

In Entbindungskliniken werden Eltern oft schon am Tag nach der Geburt mit der Frage konfrontiert, ob das neugeborene Kind gegen Tuberkulose geimpft werden soll. Eine Impfung gegen Tuberkulose (BCG-Impfung) wird vom Bundesgesundheitsamt heute nur noch bei einem bevorstehenden Auslandsaufenthalt empfohlen oder dann, wenn jemand in der Familie eine offene Tuberkulose hat. Die Krankheit breitet sich allerdings auch in der Bundesrepublik wieder verstärkt aus.

Die TB-Impfung schützt übrigens nicht vor der Ansteckung, sondern nur vor schweren Verläufen der Krankheit. Der Impfschutz hält fünf Jahre an.

Die häufigste Nebenwirkung ist eine eiternde Knotenbildung, gelegentlich auch eine Vereiterung und Schwellung des mit den abgeschwächten Tuberkel-Bakterien infizierten Lymphknotens.

Polio, Tetanus und Diphterie

Vom dritten Lebensmonat an sind die meist gemeinsam durchgeführten Impfungen gegen Polio (Kinderlähmung), Diphterie und Tetanus (Wundstarrkrampf) möglich. Sie müssen das erste Mal nach sechs bis acht Wochen, das zweite Mal nach einem Jahr wiederholt werden. Alle drei Impfungen werden von Kleinkindern im allgemeinen gut vertragen. Erst die Auffrischungs-Impfungen führen bei größeren Kindern gelegentlich zu Fieber und Übelkeit (Diphterie-Impfung), bei Erwachsenen zu allergischen Reaktionen (vor allem bei unnötig häufigen Tetanus-Impfungen).

Polio und Diphterie sind zwar heute seltene, aber immer noch sehr gefährliche Krankheiten, die tödlich verlaufen oder zu lebenslänglichen Behinderungen führen können. Auch der Wundstarrkrampf-Erreger tritt noch auf und führt bei einem Großteil der Infizierten zum Tod. Die relativ gut verträgliche Impfung ist deshalb unbedingt ratsam. Offiziell wird sie im Alter von drei bis vier Monaten empfohlen. Naturkundlich orientierte Ärzte geben sie lieber erst im zweiten Lebenshalbjahr, um den kindlichen Organismus nicht zu früh zu belasten. Bei der Wahl des Zeitpunkts ist jedenfalls zu bedenken: Ein sicherer Schutz ist erst nach der zweiten Impfung gegeben. Und der sollte vorhanden sein, wenn Kinder beginnen, im Freien herumzukrabbeln bzw. zu laufen.

Das Problem Keuchhusten

Sehr lästig für Kinder wie für Eltern ist der Keuchhusten. Allerdings ist er heute selten noch gefährlich – außer für Säuglinge, für die er sogar lebensbedrohend sein kann. Die meisten Kinderärzte raten heute aber von einer Impfung ab, weil der in der Bundesrepublik gebräuchliche Impfstoff von zweifelhafter Qualität ist. Er schützt nur etwa 80 Prozent der Geimpften vor Ansteckung. Und schwere Komplikationen sind nach der Impfung verhältnismäßig häufig.

So bleibt nichts anderes übrig, als zu versuchen, einen Säugling vor der Ansteckung zu schützen. Sollten Sie nachträglich erfahren, daß Ihr Baby Kontakt mit einem Keuchhusten-Kind hatte, läßt sich der Ausbruch der Krankheit noch mit der Gabe von Antibiotika verhindern. Sprechen Sie in diesem Fall umgehend mit einem Kinderarzt.

Masern-Rückfall ist bedrohlich

Die gefürchtetste Komplikation bei Masern ist die Masern-Encephalitis (Gehirnentzündung), die etwa in einem Drittel der Fälle zu Dauerschäden führt. Bei Kindern unter zehn Jahren ist sie selten (eine auf 15 000 Masern-Erkrankungen). Bei älteren Kindern tritt sie in einem von 1000 Fällen auf.

Weitere Komplikationen bei Masern können Kehlkopf-, Lungen- und Mittelohr-Entzündungen sein, die bei richtiger Behandlung aber folgenlos abheilen.

Ein masernkrankes Kind muß unbedingt wenigstens zehn bis 14 Tage zu Hause und am besten im Bett bleiben, auch wenn es schon wieder ganz gesund erscheint. Denn es sind vor allem die Rückfälle, die bedrohlich werden. Auch in den Wochen danach sind die Kinder für Infektionskrankheiten besonders anfällig.

Wer nicht die Möglichkeit hat, sein Kind im Falle einer Erkrankung ausgiebig zu pflegen, sollte es impfen lassen. In allen anderen Fällen empfehlen viele naturheilkundlich orientierte Ärzte, mit der Impfung bis zum zehnten Lebensjahr zu warten, weil erst danach die Komplikationsrate steigt. Möglich ist die Masernschutzimpfung vom 15. Monat an.

Pauschal gegen Mumps & Röteln

Oft wird die Impfung gegen Masern in Kombination mit den Impfungen gegen Mumps und Röteln durchgeführt. Das ist eine Pauschalbehandlung, die sich die Eltern grundsätzlich nicht gefallen lassen sollten. Mumps ist eine Drüsen-Erkrankung, die vor allem für Jungen gefährlich werden kann. Wenn sie die Hoden befällt, kann sie zur Unfruchtbarkeit führen. Diese und andere Komplikationen sind allerdings erst mit Beginn der Pubertät zu erwarten. Auch hier kann mit einer Impfung bis zum zehnten Lebensjahr gewartet werden.

Gegen Röteln, die ungefährlichste aller Kinderkrankheiten, braucht man Kinder nicht impfen zu lassen. Nur für Frauen im gebärfähigen Alter wird in dem Fall, daß sie als Kind die Röteln nicht hatten, die Impfung (mit regelmäßigen Wiederholungs-Impfungen) wichtig. Denn wenn eine Schwangere an Röteln erkrankt, hat das meist schlimme Folgen für das Kind.

Vorsicht bei Haut-Allergikern

Gegen Mumps, Masern und Röteln impft man mit Lebend-Impfstoffen, die auf Hühner-Embryonen gezüchtet werden. Die Impfstoffe sind deshalb mit Hühner-Eiweiß verunreinigt. Bei Kindern, die unter Neurodermitis und Ekzemen leiden, führt die Injektion dieser Stoffe in die Blutbahn oft zu einer Verschlechterung des Hautbildes. In seltenen Fällen sind auch allergische Schocks möglich. Im übrigen ziehen diese Impfungen gelegentlich leichte, nicht ansteckende Verläufe der betreffenden Krankheiten nach sich. Gehirnentzündungen nach Masern-Schutzimpfungen sind extrem selten (1 zu 1 Million).

Es ist, wie man sieht, keine leichte Aufgabe für Eltern, das Risiko einer Impfung gegen das Risiko einer Erkrankung abzuwägen. Individuelle Beratungsgespräche mit einem Arzt wären dabei sicherlich hilfreicher als die pauschalen Impfpläne der Gesundheitsbehörden, denen leider sehr viele Ärzte unkritisch folgen.

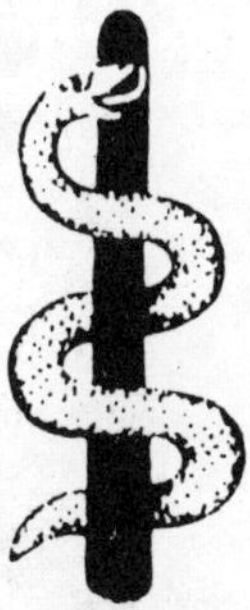

Fluortabletten

Im Kindergarten werden eifrig Fluortabletten geschluckt. Ihre Wirksamkeit ist aber umstritten. Über die Folgen und Nebenwirkungen dieser Dauermedikation werden die Eltern nicht aufgeklärt.

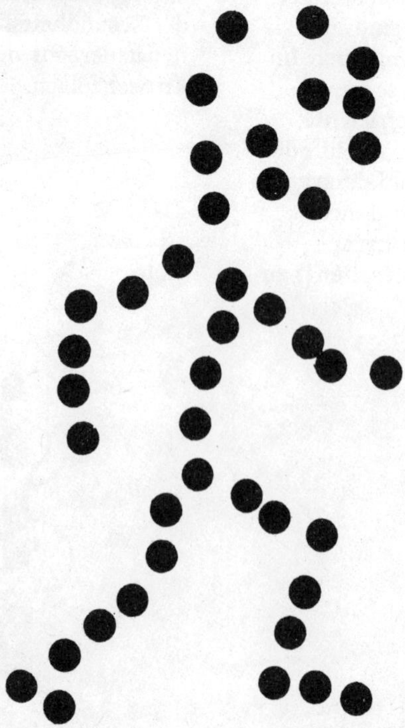

Kein Ersatz für die Zahnbürste

«Schütze Dein Kind vor drohendem Zahnverfall! ... Auch Ihr Kind kann künftig täglich im Kindergarten kostenlos die Fluortabletten erhalten. Diese haben einen angenehmen Geschmack und werden von Kindern gern genommen.» So und ähnlich liest man es in den Informationsblättern, die auch im letzten Jahr wieder Tausenden von Eltern, deren Kinder in den Kindergarten kommen, ausgegeben worden sind. Die ministeriellen Elternbriefe verlangen eine schriftliche Einverständniserklärung der Erziehungsberechtigten. Kaum einer wird die Unterschrift versagen, erfahren sie doch in den Informationsbriefen nichts über mögliche Nachteile dieser Art der Medikation.

Karies ist aber keine Fluormangelkrankheit. Und über die Langzeitwirkungen des jahrelangen Konsums von Fluortabletten gibt es sehr unterschiedliche Meinungen.

Fluor ist ein Mineralstoff, der die Stabilität von Knochen und Zähnen erhöht. Die Versorgung des Klein- und Schulkindes ist abhängig vom natürlichen Fluorgehalt des Trinkwassers, der je nach örtlichen Gegebenheiten zwischen 0,25 und

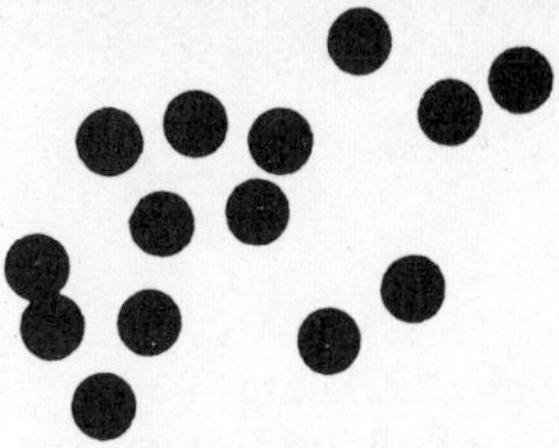

0,75 Milligramm schwanken kann. Außerdem sind die Ernährungsgewohnheiten entscheidend: Fisch, Milch, Milchprodukte und Fleisch sind wertvolle Fluorlieferanten. Der Erwachsene kann seinen Fluortagesbedarf bereits mit zwei Tassen schwarzem Tee decken.

Gefahr der Überdosis

Aus wissenschaftlichen Arbeiten weiß man, daß die Spanne zwischen erwünschter und schon toxischer Wirkung gerade bei diesem Stoff sehr gering ist. Im Kindergarten sollen jeden Tag zwei Tabletten mit je einem Gramm Fluor verabreicht werden. Fachleute sehen zwei Milligramm Fluor täglich für den kindlichen Organismus als problematisch an. Hohe Fluordosen führen zu Zahnschmelzverfärbungen in Form von weißen Flecken, was zunächst nur das Aussehen beein-

Flourtabletten

trächtigt. Überhöhte Mengen wirken negativ auf die Struktur der Zähne und Knochen, können im Zweifelsfall zu Knochendeformationen führen.

Professor H. Pantke, Direktor der Gießener Zahnklinik, kritisierte auf einem Kongreß der Zahnärzte des Öffentlichen Gesundheitsdienstes die unkontrollierte Ausgabe von Fluortabletten in Kindergärten nach dem Gießkannenprinzip. «Fluoride sind Medikamente. Sie dürfen deshalb nicht wahllos und in unkontrollierten Mengen gegeben werden. Ihre Verabreichung sollte entweder vom Zahnarzt selbst erfolgen oder von ihm überwacht werden.» Eine Überdosierung durch Anhäufung sei sonst kaum zu vermeiden. Denn heute gibt es schon Fluorzahnpasta, Fluorgelee, Fluorkaugummi, fluoriertes Mundwasser und vieles mehr.

Vor allem aber kurieren diese Tabletten nur die Symptome von Karies und verbergen dessen Ursachen: In den meisten Fällen ist es der überhöhte Zuckerkonsum der Kinder. Zahnärzte und Gesundheitsbehörden scheuen sich offensichtlich, diese Zusammenhänge zu sehen und sie beim Namen zu nennen.

In der Fachzeitschrift «Der Hessische Zahnarzt» schreibt der Vizepräsident der Landesärztekammer, Wilfried Schad: «Es würde ein Buch füllen, wollte man alle Bemühungen der Zuckerlobby im einzelnen darstellen, die Zahnärzte zum Verzicht auf den Satz ‹Zucker ist Gift für die Zähne› zu bewegen. Wir gäben uns auch einer großen Selbsttäuschung hin, wenn wir glaubten, auf breiter Front den Kampf gegen die Erfolge der Werbemillionen der Zuckerindustrie schon gewonnen zu haben.»

Von Sieg kann keine Rede sein: Die Süßwarenwerbung, die minderwertige Nahrungsmittel mit hochwertigen Aussagen belegt, hat erreicht, daß der Süßwarenkonsum gerade bei Kindern in der Altersgruppe von vier bis neun Jahren in den vergangenen Jahren rasant zunahm.

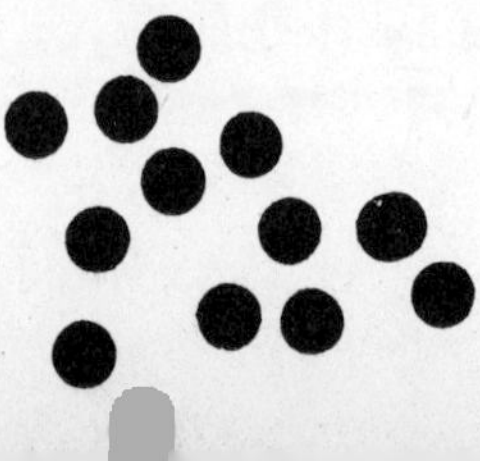

«Wozu noch Zähneputzen?»

Die «Prophylaxe» mit 5000 Fluortabletten, die ein Kind bis zu seinem 14. Lebensjahr schlucken müßte, hat aber noch ganz andere Folgen. Jedes Kind bekommt heute pro Jahr im Durchschnitt sechs Medikamente verordnet. Ende der sechziger Jahre begann der Zahnarzt Dr. Wuenschmann eine Langzeituntersuchung, die sich mit der Einstellung von Kindern zu Medikamenten befaßte. Von 73 Kindern, die zwischen 1959 und 1964 im Kindergarten fluoridhaltige Tabletten bekamen, gaben nur 13 Prozent an, ohne Zögern zur Tablette zu greifen.

Die Folgerung des Autors daraus: «Man dressiert Kinder, die von sich aus aufgebaute Barriere zu überwinden.»

Den Lernerfolg von Fluortabletten im Kindergarten drückte ein Vierjähriger ungewollt drastisch aus: «Wieso muß ich jetzt noch meine Zähne putzen, wo ich doch Tabletten nehme?»

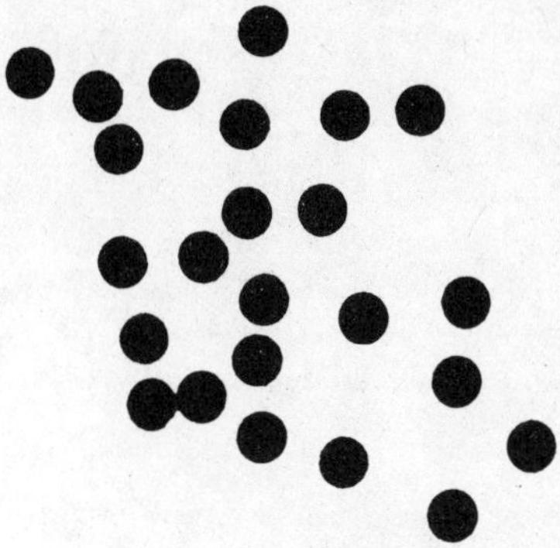

Foto: Gabriele Lorenzer

Spielen

Spielzeug

Eltern bevorzugen Spielsachen, die sicher und frei von schädlichen Stoffen sind. Doch auf Dauer läßt sich kein Kind mit dem ewig rundgeschliffenen Naturholz-Inventar seines Zimmers abspeisen. Es sucht die anderen aufregenden Farben, Formen und Materialien, und es findet sie womöglich in einer ganz falschen Ecke der Küche oder des Badezimmers. «Kindersicherheit» steht heute mehr denn je im Gegensatz zur kindlichen Entdeckerfreude.

Das Risiko spielt mit

«Gefährlich» war eines der ersten Wörter, das meine Tochter beherrschte. «Fährlich», meinte sie glückstrahlend, wenn sie auf der Sofalehne balancierte, vom hohen Küchenstuhl herunterkletterte oder die abgewaschenen Teller zum Küchenschrank trug. «Fährlich» war für sie der geeignetste Ausdruck, die Bedeutsamkeit ihres Tuns zu unterstreichen und sich zugleich ungeteilter Aufmerksamkeit zu vergewissern. Wie allgegenwärtig muß für sie das «Paß auf!», «Sei vorsichtig!», «Laß das lieber!» ihrer Eltern sein. Welcher Vater, welche Mutter möchte wohl auch nicht ihr Kind vor unangenehmen Erfahrungen bewahren? Wer würde es wohl nicht als zynisch empfinden, die Spruchweisheit «Aus Schaden wird man klug» zur Erziehungsregel erheben zu wollen?

Es ist unbestritten, daß das Kind im Spiel seine Umwelt selbst entdeckt und beherrschen lernt. Neugierig wendet es sich Menschen, Dingen und Ereignissen zu, mißt probierend seine Kräfte und Fähigkeiten, macht eigene Erfahrungen, die durch Belehrungen und Anweisungen nicht zu ersetzen sind.

15 000 Stunden verbringt ein Kind in seinen ersten sechs Lebensjahren mit Spielen – und so wenig zweckgerichtet das Spiel im Unterschied zur Arbeit der Erwachsenen auch erscheinen mag, so ist das Leitmotiv dieser hartnäckig verfolgten Betätigung, neue Erfahrungen zu machen.

Kinder brauchen das Risiko

Eine der wichtigsten Erfahrungen ist für sie, etwas Schwieriges, «Gefährliches» meistern zu können. Wenn wir sie durch immer perfektere Sicherheitsvorkehrungen vor jedem vermeintlichen Risiko zu schützen suchen, versagen wir ihnen diese Erfahrung und erzeugen letztlich nur Unsicherheit. Denn die Kinder lernen nicht, Gefahren selbst zu erkennen und mit ihnen umzugehen. Kinderspielplätze und Kinderspielzeuge, die nur unter dem Gesichtspunkt der Ungefährlichkeit konstruiert sind, sind reizlos und erziehen zudem zur

Leichtfertigkeit, denn «es kann ja nichts passieren». Kinder brauchen das Risiko, und sie suchen es auch, im Zweifel dort, wo wir es nicht vermuten.

Jean Liedloff schildert in ihrem Buch «Auf der Suche nach dem verlorenen Glück» das Verhalten «unzivilisierter» Indianerkinder und ihrer Eltern im Dschungel Venezuelas. Sie beobachtet zwei Säuglinge am Rande einer tiefen Grube. Sie wiegen sich hin und her, prüfen ihr Gleichgewicht im Sitzen – und niemand ruft sie zurück. Ganz selbstverständlich gehen diese Indianer davon aus, daß Kinder das natürliche Bedürfnis haben, sich in die soziale Welt der Erwachsenen einzufügen – und sich nicht weh zu tun. In den ängstlichen Geboten einer amerikanischen Mittelstandsmutter sieht Liedloff einen Aufforderungscharakter versteckt: dem Kind wird unterstellt, es müsse gegen die Gemeinschaft und gegen seinen eigenen Selbsterhaltungstrieb handeln wollen. Es begreift unterbewußt, daß man das von ihm erwartet – und handelt schließlich entsprechend.

Als Aufforderung zum «laissez faire», als eine Entlassung von Eltern und Gesetzgeber aus der Verantwortung, kann dies dennoch nicht verstanden werden – heute weniger denn je. Die natürliche und soziale Umwelt unserer Kinder hat sich gegenüber dem venezolanischen Busch und der Welt unserer Vorfahren verändert.

Was früher die Regel war, wird heute zur Ausnahme – und umgekehrt. Daß Kinder unter den Augen ihrer Eltern und wohlbekannter Nachbarn auf Höfen und Wegen spielen, deren alltägliche Arbeit unmittelbar erleben können, um sie spielend nachzuempfinden, ist heute kaum mehr denkbar. In den geschützten, speziell für Kinder geschaffenen Reservaten wie Kindergarten oder Spielplatz entfällt aber eine wichtige Erfahrungsquelle: das Begreifen durch Beobachtung.

Zudem sind heute neue Gefahren entstanden: verborgene Fallen, etwa durch die Chemisierung des Alltags, tun sich auf, in die selbst Erwachsene ahnungslos tappen. Anders als ein aufgeschlagenes Knie oder ein Ritz an einer scharfen Kante wirken schleichende Vergiftungen durch Schwermetalle, Gefährdung durch radioaktive Strahlung.

Wieviel anschaulicher sind die Gefahren eines offenen Feuers als die der allgegenwärtigen Elektrizität, wieviel handgreiflicher das Risiko giftiger Pilze als das giftiger Farben und Haushaltsreiniger.

Was heißt schon «kindersicher»!

Die Bedeutung von Spielzeug hat in dem Maß zugenommen, wie die selbstverständliche Teilhabe der Kinder am Leben der Erwachsenen in den Hintergrund getreten ist. Milliardenumsätze in der Spielwarenindustrie sind Antrieb für ständige Neuentwicklungen. Eltern, die «das Beste für ihr Kind» wollen (und es sich auch leisten können), stehen diesem Angebot oft ratlos gegenüber. Auch «aufgeklärte» Eltern schwanken zwischen «pädagogisch wertvoll», «natürlich und umweltfreundlich» oder dem – mehr oder weniger spontanen – «Habenwollen» des Kindes als Auswahlkriterium.

Gerade Eltern, die sich die Umweltgefahren bewußt machen, geraten immer stärker in innere Konflikte mit dem gleichzeitig oft in hohem Maß vorhandenen pädagogischen Anspruch. Es sind gerade die, die wissen, wie wichtig das «Sandeln» für ihr Kind ist, die nach der Atomreaktorkatastrophe in Tschernobyl ihre Kinder wochenlang zu Hause eingesperrt haben – und dafür sicher gute Gründe hatten.

Umweltrisiken werden zusehends unberechenbarer, adäquates Verhalten nur noch mit einer Portion Zynismus möglich. Das kann auch zu absurden Ergebnissen führen, etwa wenn Eltern stolz verkünden, daß ihre Sprößlinge im privaten Kindergarten nicht mehr mit möglicherweise cadmiumverseuchten Fingerfarben, sondern mit – ungleich gefährlicheren – Wandabtönfarben malen.

Unsicherheit und Orientierungslosigkeit durch täglich neue Katastrophenmeldungen führen zur Setzung von neuen Normen. Holzspielzeug gilt als natürlicher und pädagogisch wertvoller als die bunte Plastikwelt. Allerdings verlangen die Kinder nach den bunten Sachen, erwarten – zumal mit zunehmendem Alter – auch Detailtreue. Den kleinen beweglichen «Playmobil»-Figuren zum Beispiel kann man nach Lust und Laune Gegenstände in die Hand drücken, kann sie ganz nach Wunsch maskieren. Im kindlichen Rollenspiel ist es auch von Bedeutung, daß das eben erbaute «Lego»-Haus nicht bei der geringsten Berührung zusammenbricht, wie es eines aus Holzbausteinen zwangsläufig tut.

Ein anderes Problem sind die automatischen Spielzeuge – Sprechpuppen, marschierende Roboter oder Dauerfeuer schießende Kampfmaschinen –, die die Kinder nicht an-, sondern nur aufregen. Abgesehen davon, daß erst die abgelaufene Batterie für Ruhe im Kinderzimmer sorgt, reizt die Eindimensionalität solchen Spielzeugs zur genaueren Erforschung des verborgenen Innenlebens – mit nicht geringem Gefahrenpotential durch Knopfzellen und mechanische Teile. Nur erwähnt seien in diesem Zusammenhang Videospiele und das Vordringen des eigenen Kassettenrecorders bis ins Kleinkinderzimmer.

Aus dem Schreckenskabinett

Der Gesetzgeber hat den erhöhten Sicherheitsanforderungen an Kinderspielzeug Rechnung getragen. So gilt europaweit die manchmal etwas laxe Europäische Sicherheitsnorm EN 71, in der Bundesrepublik das schärfere Lebensmittel- und Bedarfsgegenständegesetz (LMBG). Hinter diesem Wortungetüm steckt, daß Spielzeug (auch für Erwachsene), Bastelmaterial und auch Scherzartikel bei «bestimmungsgemäßem» und «vorhersehbarem Gebrauch» nicht gesundheitsschädlich sein dürfen.

Zusätzlich können Spielzeughersteller ihre Ware freiwillig vom TÜV prüfen lassen und dann mit dem Zeichen «GS – Geprüfte Sicherheit» werben. Die TÜV-Prüfung erfolgt allerdings nicht unter kinderspezifischen Gesichtspunkten und besagt auch nichts über die Gebrauchstauglichkeit des

Spielzeugs, sondern einzig über die Übereinstimmung mit gültigen Normen, die ja bekanntlich nicht immer auf der Höhe der Zeit sind. Aufschlußreicher ist da schon das orangene «spiel gut»-Siegel des Arbeitsausschusses Kinderspiel + Spielzeug e. V. in Ulm, bei dem man auch noch weitere Informationen zum Thema erhalten kann.

Wie unzureichend offizielle Sicherheitsnormen sein können, erweist sich wie üblich dort, wo sie nicht greifen. So gilt die europäische Sicherheitsnorm nicht für Scherzartikel, die trotz strengerer deutscher Vorschriften auf Jahrmärkten feilgeboten werden oder in Unkenntnis als Mitbringsel aus dem Urlaub verschenkt werden. Und hier finden sich Perversitäten, die unter Sicherheitsaspekten quasi aus dem Schreckenskabinett für Eltern stammen könnten. So zum Beispiel die Quelltiere, 1 bis 3 Zentimeter kleine Figürchen, die im Wasser – also auch im Körper – binnen 12 Stunden bis zur 200fachen Größe aufquellen und bei Verschlucken zu Magen- und Darmverschluß führen können. Ein ähnlicher Effekt tritt bei der «magischen Patrone» auf, einer kleinen Kapsel, die sich im Wasser auflöst und eine Schaumstoffigur freigibt.

Auch die sogenannten Wabbeltiere mit einem hohen Weichmacheranteil sind hochgefährlich. Abgesehen von der

Giftigkeit des Weichmachers wird er im Magen aus der Kunststoffmasse (die eine ähnliche Konsistenz hat wie die beliebten Gummibärchen) herausgelöst; zurück bleiben glasharte und messerscharfe Kunststoffbrocken, die zu inneren Verletzungen führen können.

Aber auch dort, wo die Übergänge fließend sind, reichen die Sicherheitsvorschriften für Spielzeug nicht hin. So gelten die fluoreszierenden Textmarker den Prüfern als «Erwachsenending», weshalb sie auch massenhaft Schadstoffe und scharfe Säuren in der Mine zulassen. Die Marker gehören auf keinen Fall in den Kindermund! Nicht akut gefährlich, aber zuweilen extrem schadstoffhaltig sind bunte Filzstifte, die leider schon in Kindergärten gang und gäbe sind. Während es für Mal- und Fingerfarben immerhin einschlägige Grenzwerte gibt, enthalten die Öl- und Kunststoffarben für erwachsene Kunstmaler oder Anstreicher zuhauf schädliche Pigmente, Lösungsmittel und Schwermetalle. Ob ein Kind im heimischen Hobbykeller mit ihnen werkelt, bleibt dem Verantwortungsbewußtsein der Eltern überlassen.

Alles kann zum Spielzeug werden

Spätestens dort, wo die Übergänge fließend werden zwischen den Dingen für Erwachsene und dem «Zeug zum Spielen» für die Kinder, wird eine gesonderte Sicherheitsphilosophie fragwürdig. Diese Aussage gilt in beide Richtungen.

So muß man sich fragen, ob es nicht interessanter für das Kind ist, sich eine Höhle aus zwei Stühlen und einer Decke zu bauen, als in ein ansonsten funktionsloses Kinderzelt zu schlüpfen, das aus «speichelechtem» Stoff besteht, aber außerhalb der Wohnung keinem Luftzug standhält.

Ein fertig gekauftes Spielhaus aus Pappe wird der Sicherheitsnorm dadurch gerecht, daß diese Pappe schwer entzündlich ist. Aber ist das selbstgebaute «Haus» aus dem Verpackungsmaterial der neuen Waschmaschine nicht eine viel größere Herausforderung an die Kreativität und den Gestaltungswillen? Gerade im Spiel mit «wertlosem Material», den Abfällen unserer Wohlstandsgesellschaft, lassen sich unbestritten pädagogisch wertvolle Erfahrungen machen. Daß für diese Materialien die Sicherheitsnormen, die an Kinderspielzeug gerichtet werden, keine Gültigkeit haben, liegt auf der Hand.

Umgekehrt ist nicht einsehbar, daß die Segnungen des Industriezeitalters für Kinder wie Erwachsene eine solche Fülle versteckter Gefahrenherde bereithalten, daß Reife und Erfahrung eines Erwachsenen vonnöten sind, halbwegs mit heiler Haut davonzukommen. Eine Umweltverträglichkeitsprüfung für alle Produkte, durch die diese Fallen (auch auf Kosten der Bequemlichkeit) erkannt und allmählich beseitigt werden, sollte künftig obligatorisch werden. Kinderfeindliche Technologien und Produkte sind auch lebensfeindlich. Man kann auf sie verzichten.

Doch die lebensnotwendige Lust am Spiel sollte man sich

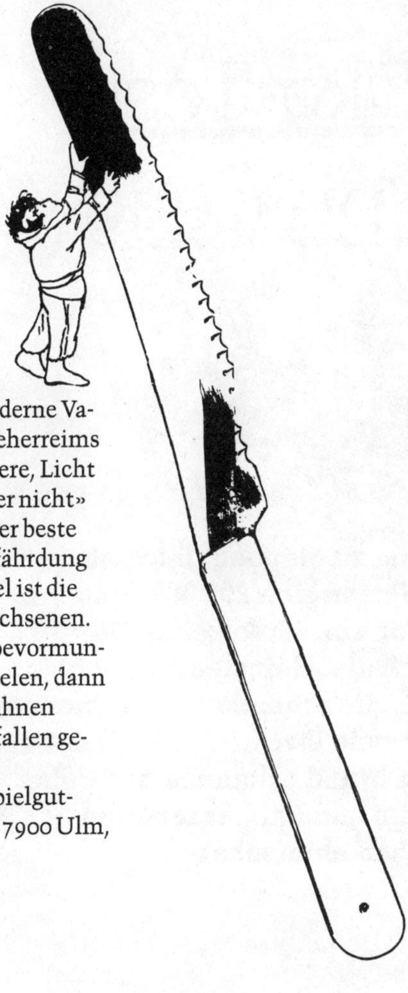

nicht durch eine moderne Variante des alten Erzieherreims «Messer, Gabel, Schere, Licht sind für kleine Kinder nicht» vermiesen lassen. Der beste Schutz vor einer Gefährdung der Kinder beim Spiel ist die Teilnahme der Erwachsenen. Wenn sie – ohne zu bevormunden – einfach mitspielen, dann ist den Kindern wie ihnen selbst der größte Gefallen getan.

Die Adresse des Spielgut-Ausschusses lautet: 7900 Ulm, Heimstraße 13.

Öko-Test Spielzeug

Kaum zu glauben: Jährlich verletzen sich 200 000 Kinder in Europa an «Spielzeug» aller Art. Auch die Kleinsten sind schlimm dran. Sie schlucken pure Chemie, wenn sie ihre kleine Welt mit dem Mund erkunden und dabei Farbe und Lack ihrer Spielsachen ablutschen.

«Beim Spielzeug fürs Baby», so die Verkäuferin im Spielwarengeschäft Behle in Frankfurt, «sind die Eltern am unsichersten. Sie wollen nichts falsch machen und lassen sich gerne beim Kauf beraten.» Daß trotz guter Beratung die Eltern oft schlechtes Spielzeug nach Hause tragen, hat unser ÖKO-TEST ergeben. Gerade beim Spielzeug für die Kleinsten liegt einiges im argen. Wir haben insgesamt 58 Spielzeuge für Kinder im ersten und zweiten Lebensjahr untersucht. Wir wollten wissen, ob sie beim Gebrauch die Farbe behalten, wie sie verarbeitet sind und ob bedenkliche Materialien verwendet werden.

Das Ergebnis: 14 der untersuchten Spielzeuge sind für Kinderhände und -münder dieser Altersgruppe nicht geeignet. Ein Teil des Spielzeugs verliert die Farbe, entspricht damit nicht den gesetzlichen Sicherheitsanforderungen. Ein anderer Teil ist aus Weich-PVC gefertigt. Beim Ablutschen können sich gesundheitsschädliche Substanzen herauslösen.

In den ersten beiden Lebensjahren erkunden Kinder ihre kleine Welt noch vorwiegend mit dem Mund. Wie intensiv und bis zu welchem Alter alle erreichbaren Gegenstände da

hineingesteckt werden, ist dabei von Kind zu Kind verschieden. Manche hören damit nach dem ersten Geburtstag auf. Andere, die Dauerlutscher, kauen erst auf dem Beißring und der Rassel, später auf Bauklötzen und Malstiften herum.

Leider muß der kindliche Entdeckungsdrang ohnehin oft gebremst werden. Die Wohnung steckt schließlich voller Gefahren, auch voller giftiger Stoffe. Um so wichtiger ist es, daß wenigstens die Spielzeugwelt heil ist. In seiner Spielecke sollte sich das Kind ohne die mahnende Einmischung seiner Eltern nach Lust und Laune betätigen dürfen. Spielzeug muß also – der Altersempfehlung entsprechend – so beschaffen sein, daß das Kind sich nicht verletzt. Darüber hinaus soll es speichel- bzw. schweißecht und knabberbeständig sein, damit keine gesundheitsgefährdenden Stoffe über Mund und Haut in den Körper gelangen können.

Keine Farbe darf abgehen

Von buntem Kinderspielzeug, das dazu bestimmt ist, in den Mund genommen zu werden, oder erfahrungsgemäß von Kleinkindern hineingesteckt wird, darf die Farbe nicht abgehen. So verlangt es das Gesetz. Zu diesem Spielzeug gehört neben Flöten, Mundharmonikas und Trompeten vor allem solches für die Kleinsten: Rasseln, Klappern, Bauklötze, Bälle, Stoffpuppen, Teddybären, also all das, was die Kinder zum Greifen, Befühlen, Betrachten, Horchen, Lutschen, Schieben, Ziehen oder zum Planschen in der Badewanne verwenden.

Für die Sicherheit von Spielzeug gilt in der Bundesrepublik das deutsche Lebensmittel- und Bedarfsgegenständegesetz (LMBG). Die dort formulierten Sicherheitsanforderungen sind strenger als die vom Europäischen Komitee für Normung in der Europäischen Norm EN 71 festgesetzten. Nach dem LMBG, das auch für Importwaren angewendet wird, dürfen Kinderspielwaren «nur so gefärbt oder bemalt werden, daß bei vorauszusehendem Gebrauch kein Farbstoff in den Mund, auf die Schleimhäute, die Haut oder die Kleider übergehen kann».

Nicht verkehrsfähig

Allerdings erfüllen nicht alle Spielzeuge diese Anforderungen, und auf die Angaben der Hersteller kann man sich nicht verlassen. Die Firma Schowanek zum Beispiel weist ihre «Holzklapper» und ihr «Klangspiel Bär» als «abwaschbar, kratz- und speichelfest» den internationalen Sicherheitsnormen entsprechend aus. Das konnten wir mit unserem Test jedoch nicht bestätigen.

Zu den Spielsachen, die die Farbe lassen, die also nicht speichel- und schweißecht sind, gehören der rasselnde «Rollo Ball» und der bunte «Rollo Seestern» von Steiff, das «Quietschschaf» von Happy Baby, die niedliche «Stoffpuppe Muck» von Sigikid, die «Knautschi Maus» von euro play, die stinkenden Quietschbilderbücher von Helly und Chicco, das zart gemalte «Bilderbuch» aus Holz von Siebert und der «Hans Dampf» von Simba, der beim Rollen mit seinem blonden Schopf lustig hin und her wackelt. Schade!

Daß Hersteller, die bislang in der Spielwarenbranche einen guten Namen hatten und teilweise für ihr kindgerechtes Spielzeug vom «spiel-gut»-Ausschuß ausgezeichnet wurden, so nachlässig mit den gesetzlichen Bestimmungen umgehen, ist enttäuschend.

Nach dem Lebensmittel- und Bedarfsgegenständegesetz dürfen Farbmittel nicht verwendet werden, «die zu gesundheitlichen Bedenken Anlaß geben». Doch diese Formulierung ist irreführend. Sie erweckt den Eindruck, als gäbe es gesundheitlich «unbedenkliche» Farben. Die gibt es nicht, allenfalls solche, die weniger gesundheitsschädlich sind.

Farben und Lacke sind grundsätzlich nicht zum Essen geeignet. Auch die sogenannten schadstoffarmen, die von Spielzeugherstellern verwendet werden, können hochgiftige Stoffe wie Blei und Cadmium enthalten, und die lagern sich auch in kleinen Portionen in Babys Körper an.

Ein anderes Problem ist, daß beispielsweise ein Farbanstrich auf Holz – auch wenn die Farbe speichel- und schweißecht ist – beim Benutzen sich abnutzt. Farben sind nicht dicht. Der Lack hat Poren. Und wenn

Feuchtigkeit in die Poren dringt, quillt das Holz auf, springt der Lack ab. Und das Kind verschluckt Lackteilchen, die es bestenfalls auf natürlichem Wege wieder ausscheidet. Aber es ist auch möglich, daß die Magensäfte die Farbteilchen zersetzen und Inhaltsstoffe wie Blei und Cadmium herauslösen. In der Regel werden solche schwermetallhaltigen Farben in der Spielzeugherstellung zwar nicht verwendet, wie Laborleiter Schuster von der Chemischen Landesuntersuchungsanstalt in Karlsruhe bestätigt. Doch jede Regel hat ihre Ausnahme. Und die Aufsichtsbehörden stellen solche Ausnahmen bei ihren Überprüfungen immer wieder fest.

Holzspielzeug – keine Frage des Geschmacks

Spielzeughersteller verwenden unterschiedliche Farben. Als «lebensmittelecht» ist sie bei der «NUK Mukuh» von MAPA deklariert, aber bei starker Inanspruchnahme blättert sie ab. Das war auch bei anderen Spielzeugen der Fall. Andere Farben, die sich zwar zunächst als speichel- und schweißecht erwiesen, hielten der feuchten Wärme bei der Untersuchung nicht stand. Beim Abziehen des Teststreifens (mit den Prüflösungen) blieben am Tesafilm Lackteile hängen. So bei der «Mukuh», beim «Formen Steckbaukasten» und dem «kleinen Dorf» von Heros, beim Bilderbuch von Siebert, den Bausteinchen von Eichborn, dem «Hölzernen Schiebeauto» von Keller, beim «Holzauto mit Fahrer», beim «Bunten Huhn» von Sigikid und beim Hampelmann von Mertens.

Naturbelassenes Holzspielzeug gibt zwar keine giftigen Stoffe ab, ist aber leider ein guter Nährboden für Bakterien und Pilze. Deshalb kann man es wohl schon den Kleinsten in die Wiege reichen, sollte es aber nach der «Benutzung» abtrocknen und an einem trockenen und sauberen Platz verwahren. Ein Holzschutz aus Bienenwachs ist leider schon nach kurzer Zeit abgelutscht.

Daher sollten Beißringe speziell für die Zahnung keinesfalls aus Holz sein. Besser aus Kunststoff, obgleich die unnötigerweise oft mit synthetischem Vanillin parfümiert sind, wie die «Beißfuß-Beißhand» der Firma Chicco. Kunststoffbeißringe sind aber auch in anderer Hinsicht gebrauchstauglicher: Beim Zahnen lindert das kühle Material den Schmerz – wie der «Eis-Beißring» von Continua, der als Kühlflüssigkeit übrigens pures Wasser enthält. Falls dieser Beißring von einem größeren Geschwisterchen mal aus Neugierde kaputtgemacht wird, kann also nichts passieren.

PVC-Spielzeug – ein Gesundheitsrisiko

Einige von uns untersuchte Spielzeuge sind aus Polyvinylchlorid (PVC) – wie das Quietschpferd von Babs, der Kopf des «Schlenkerclowns» von Simba, der Schlummerwichtel von euro play oder die Quietschbilderbücher der Firmen Chicco und Jacob.

PVC – vor allem Weich-PVC – ist ein problematisches Material. Das als Kunststoffbaustein

verwendete Vinylchlorid und die für Weich-PVC zugesetzten Weichmacher wie das Phthalat DEHP sind krebsverdächtige Substanzen, die vor allem die Arbeiter in der kunststoffproduzierenden Industrie krank machen. Aber auch das Fertigprodukt ist, je nachdem wozu es verwendet wird, problematisch.

Magensäfte können die Weichmacher nämlich herauslösen, wenn Spielzeug (oder ein Teil davon) verschluckt wird. Das kann zu inneren Verletzungen führen, weil der Rest des Kunststoffes dann hart wird und im Verdauungstrakt hängenbleibt. Das Bundesgesundheitsamt, das gegen die Verwendung von Weich-PVC für Spielsachen im Prinzip nichts einzuwenden hat, fordert deshalb, daß Spielzeug so beschaffen sein muß, daß es von Kindern nicht verschluckt werden kann. Diese Sicherheitsvorkehrungen treffen für das von uns untersuchte Spielzeug insofern zu: Sie sind zum Verschlucken zu groß und zum Abbeißen zu hart und zu zäh.

Daß sich aber auch unter üblichen Gebrauchsbedingungen Weichmacher herauslösen können, dieses Problem ist damit nicht gelöst. «Es findet beim Kontakt natürlich immer ein Übergang statt», bestätigt Dr. Christhard Böhme von der Farbstoffkommission im Bundesgesundheitsamt, «aber die Mengen, die sich dabei herauslösen können, sind so minimal klein, daß wir dagegen keine Einwände haben.»

Wir sind da anderer Meinung. Spielzeug aus Weich-PVC, das, wie beispielsweise das Quietschpferd von Babs, bestimmungsgemäß in den Mund genommen wird und dabei mit dem Speichel möglicherweise krebsauslösende Substanzen herausgenuckelt werden können, hat in der Kinderwiege nichts zu suchen.

Quietschbilderbücher, auch unter dem Namen Badewannenbücher bekannt, sind die ersten Bücher, die Babys in die Hände bekommen – zum Anfassen, Ablecken, zum Planschen in der Badewanne. Und gerade bei solchen Babybüchern aus Weich-PVC fanden Chemiker der Chemischen Landesuntersuchungsanstalt in Stuttgart hochgiftige Substanzen.

Spielzeug für die Kleinsten

	Preis (DM)	Speichel- und schweißecht	Besonderheiten
empfehlenswert			
Eis-Beißring Continua, 7940 Mengen	4,95	ja	
Frottee-Würfel mit Rassel John	4,95	ja	
Däumling Plasty, 6823 Neulußheim	4,95	ja	
Quietschküken Cleve GmbH, 7345 Deggingen	5,95	ja	parfümiert
Holz-Rasselring; Kiddicraft- Ravensburger, 7980 Ravensburg	7,95	ja	
Rasselring Chicci, I-Como	8,50	ja	
Stoffelefant zum Kuscheln Behle, 6000 Frankfurt	9,80	ja	
Bausteine aus Holz Eichhorn GmbH, 8344 Egglham	9,80	ja	in feuchter Wärme springt die Farbe ab
Plastikball, Ø 12 cm Hertie, 6000 Frankfurt	9,85	ja	
Rassel Schildkröt, 8950 Kaufbeuren	9,90	ja	
Holzrassel Lorenz, 8192 Geretsried 1	9,95	ja	
Frotteeball mit Rassel Fromki Toys, Hongkong	9,95	ja	
Frotteeelefant; euro play Schubert GmbH, 4018 Langenfeld	9,95	ja	
Rainbow Elephant Matchbox GmbH, 8759 Hösbach	10,00	ja	Verändert die Farbe im Wasser
Beifuß-Beißhand Chicco, I–Como	10,95	ja	parfümiert
NUK Mukuh MAPA GmbH, 2730 Zeven	10,95	ja	in feuchter Wärme springt die Farbe ab
Turbo Baufahrzeug aus bunt lackiertem Holz, Beluga GmbH, 8502 Zirndorf	12,90	ja	
Buntes Huhn auf Rädern Sigikid, 8581 Mistelbach	12,95	ja	in feuchter Wärme springt die Farbe ab
Holzrassel Selecta-Spielzeug, 8011 Kirchseeon	13,50	ja	
Riesenperlen Fisher-Price, 5040 Brühl	14,90	ja	
Musical Nursery Pet Kaufhalle, 6000 Frankfurt	14,95	ja	

	Preis (DM)	Speichel- und schweißecht	Besonderheiten
empfehlenswert			
Das kleine Dorf aus Holz Heros, Rossberg KG, 8496 Lam	14,95	ja	in feuchter Wärme springt die Farbe ab
Hampelmann Mertens, 7417 Pfullingen	15,50	ja	in feuchter Wärme blättert die Farbe ab
Hundrassel Chicco, I – Como	15,95	ja	
Bodenrassel zum Hinterherkrabbeln BRIO, S – Osby	17,95	ja	
Formen-Steckbaukasten aus Holz mit Plastikteil; Heros, Rossberg 46, 8496 Lam	18,95	ja	in feuchter Wärme springt die Farbe ab
Knirps im Faß; Kiddikraft-Ravensburger, 7980 Ravensburg	18,95	ja	
Stoffelefant Sterntaler, 6255 Dornburg 4	19,80	ja	
Steckspiele aus Holz Eichhorn GmbH, 8344 Egglham	19,90	ja	
Ente mit Spieluhr Hertie, 6000 Frankfurt	19,95	ja	
Playskool nopper Bradley GmbH, 8510 Fürth	19,95	ja	
Kuddly Koala Bär Dakin & Company, USA – San Francisco	21,00	ja	
Trailer Holzeisenbahn SISO, 8500 Nürnberg	22,50	ja	
Bade-Schildkröte; Playskool, Milton Bradley GmbH, 8510 Fürth	22,90	ja	
joki-play Walter, 7081 Lauchheim	23,95	ja	
Stoffpuppe Hanne Käthe Kruse, 8850 Donauwörthfeld	24,90	ja	
Hölzernes Schiebeauto; Keller Holzspielwaren, 7320 Göppingen	29,90	ja	in feuchter Wärme springt die Farbe ab
Stoffball Steiff GmbH, 7928 Giengen	31,50	ja	
Holzente mit Schirmmütze Walter, 7081 Lauchheim	39,90	ja	
Hampelmann Selecta, 8011 Kirchseeon	39,90	ja	
Holzauto mit Fahrer Sigikid, 8581 Mistelbach	43,50	ja	in feuchter Wärme springt die Farbe ab
duplo Grundsteinbaukasten Lego, 2354 Hohenwestedt	59,90	ja	

Spielzeug für die Kleinsten

	Preis (DM)	Speichel- und schweißecht	Besonderheiten
nicht empfehlenswert			
Quietschpferd John, 8228 Freilassing	2,95	ja	**Weich-PVC**
Quietschschaf John, 8228 Freilassing	2,95	**nein**	orange-rote Farbe färbt ab
Knautschi Maus euro play Schubert, 4018 Langenfeld	2,95	**nein**	schwarze Füße färben ab
Badewannenbuch: Mein Badebuch Carlsen Verlag GmbH, 2057 Reinbek	7,80	ja	**Weich-PVC**
Quietschbilderbuch Helly-Erzeugnisse, Jacob, 6450 Hanau	8,95	**nein**	**Weich-PVC** rot färbt ab
Badewannenbuch Molly; Braun & Schneider Verlag, 8392 Waldkirchen	9,80	ja	**Weich-PVC**
Schlenker Clown Simba toys, 8500 Nürnberg	9,95	ja	Puppenkopf aus **Weich-PVC**
Klangspiel bär Schowanek, 8235 Piding	10,00	**nein**	rotes Band und braunes Holz färbt ab
Erstlingsbuch «primo Libro» Chicco, I–Como	10,95	**nein**	**Weich-PVC**/rot färbt ab
Holzklapper Schowanek, 8235 Piding	10,95	**nein**	
Bilderbuch Siebert Spiel AG, CH–Zürich	15,80	**nein**	in feuchter Wärme blättern die zarten Farben ab
Rollo Ball mit Rassel Steiff GmbH, 7928 Giengen	16,50	**nein**	Farbe orange färbt ab
Hans Dampf Simba toys, 8500 Nürnberg	18,50	**nein**	die gelben Wollhaare fusseln und lassen die Farbe
Schlummer-Wichtel; euro play Schubert, 4018 Langenfeld	19,95	ja	Puppenkopf aus **Weich-PVC**, Haare gehen aus
Rollo Seestern mit Rassel Steiff GmbH, 7928 Giengen	27,90	**nein**	grün/rot färbt
Stoffpuppe Muck Sigikid, 8581 Mistelbach	39,90	**nein**	

Fett gedruckt – führt zur Abwertung
Stand: März 1988

Cadmiumfreies Spielzeug

Noch vor wenigen Jahren war es gang und gäbe, daß buntes Kunststoffspielzeug sehr große Mengen Cadmium enthielt. Das war (und ist) in erster Linie ein Umweltproblem, weniger ein lebensmittelrechtliches. Spielsachen landen irgendwann auf dem Müll, werden verbrannt, und dabei entweicht das als Stabilisator und Pigment eingearbeitete Cadmium wieder in die Umwelt. Daß es aus dem Spielzeug in den Kindermagen gelangt, ist unter üblichen Gebrauchsbedingungen wenig wahrscheinlich.

Nachdem 1980 in Schweden der Zusatz von Cadmium in Spielwaren verboten wurde und die ausländischen Hersteller dort Absatzschwierigkeiten bekamen, geht es inzwischen auch ohne Cadmium. Eine Liste der Spielzeughersteller, die nach eigenen Angaben cadmiumfrei arbeiten, ist übrigens bei der Verbraucherzentrale in Hamburg zu beziehen.

Wir wollten mehr als nur Herstellerbekenntnisse und ließen Spielzeug von Lego und Fisher-Price überprüfen. Wir fanden kein Cadmium, nur noch in Spuren. Zugesetzt wird es nicht mehr. Das ist durchaus erfreulich.

Die Adresse der Verbraucherzentrale Hamburg lautet:
2000 Hamburg 36,
Große Bleichen 23/27.

Öko-Test
Knete

Knete ist ein beliebtes Kinderspielzeug. Doch einige Sorten sind für die lieben Kleinen gefährlich. Unser Öko-Test zeigt, womit sie ohne Bedenken spielen können.

Beträchtlichen Wirbel löste ein Bericht des ÖKO-TEST-Magazins vom Januar 87 aus, wonach ein geheimgehaltenes Gutachten des Bundesgesundheitsamtes (BGA) festgestellt hat: Modelliermassen, die im Backofen erhärten, enthalten PVC. Für Kinder können sie dadurch gefährlich werden, z. B. durch Verschlucken der Masse. Außerdem entstehen giftige Dämpfe, wenn die Backofentemperatur versehentlich zu hoch eingestellt wird. Viele Eltern schickten die Knete empört an die Hersteller zurück.

In unserem Auftrag hat die «Katalyse-Umweltgruppe» in Köln nicht nur die fünf verdächtigen Produkte auf PVC untersucht, sondern auch weitere 38 handelsübliche Kinderknetmassen auf andere gefährliche Schadstoffe.

Insgesamt bieten die Knetehersteller Fabrikate in drei unterschiedlichen Produktgruppen an:

- Die klassischen, dauerplastischen Kneten bestehen aus Wachs, Paraffin, Kreide, Kaolin (Porzellanerden), Stärke und Farbpigmenten. Die 27 Produkte dieser Kategorie ließen wir zum einen auf die Schwermetalle Cadmium und Blei untersuchen. Beide Schadstoffe können mit Kreide und Kaolin in die Kneten gelangen. Der Gehalt an löslichem Blei und Cadmium ist daher durch eine Vorschrift, die Europäische Norm (EN 71), begrenzt auf 100 bzw. 50 Milligramm pro Kilogramm Knete. Eine hohe Belastung: Bei Fingerfarben haben wir sie nicht akzeptiert. Kinderkneten geben aber kaum Schwermetalle während der Verdauung ab, wenn sie von einem Kind verschluckt werden.

Gesetztlich nicht begrenzt ist dagegen die Verunreinigung mit sogenannten polycyclischen aromatischen Kohlenwasserstoffen (PAKs). Das sind krebserregende Rückstände, die sich in billigem Wachs und Paraffin finden. Marktführer Faber z. B. richtet sich bei Wachs und Paraffin nach den Anforderungen, die durch das Lebensmittelgesetz und die Kunststoffkommission des BGA festgelegt sind: Bei einer Nachweisgrenze von 0,1 Milligramm pro Kilogramm darf nach diesen Vorschriften Benzopyren nicht zu finden sein. Und tatsächlich fanden wir dieses Gift auch in keinem untersuchten Produkt.

Geballtes Risiko

Benzopyren ist allerdings nur ein Vertreter aus der Familie der PAKs, über die die «Senatskommission zur Prüfung gesundheitsschädlicher Arbeitsstoffe (MAS-Werte-Kommission) der Deutschen Forschungsgemeinschaft schreibt: «Von den regelmäßig in Pyrolyseprodukten auftretenden PAKs ist Benzopyren bisher am besten untersucht. Es ist jedoch zu erwarten, daß auch andere wesentlich zum krebserzeugenden Potential solcher Gemische beitragen.» Für diese anderen PAKs gibt es allerdings keine Grenzwerte. Daher haben wir in Abstimmung mit der Kölner «Katalyse», die für das ÖKO-TEST-Magazin die Untersuchung durchgeführt hat, die höchstzulässige Konzentration auf ein Milligramm pro Kilogramm festgelegt. Höhere Gehalte fanden wir in fünf Kneten (vgl. dazu die nebenstehende Tabelle). Die marktführende Firma Eberhard Faber hat auf unsere Untersuchung hin zugesichert, daß sie ab sofort nur noch mit dem für Arzneimittel zugelassenen Paraffinöl DAB 8 arbeiten will. Dieses ist mit Sicherheit frei von allen PAKs.

Weitgehend unproblematisch sind inzwischen die Farbstoffe. Früher erzielten die Knetehersteller leuchtende Farben zum Teil durch Zugabe von Schwermetallen. Beispielsweise erzeugt Kobalt ein kräftiges Blau, Chrom ein sattes Grün und Cadmium strahlendes Rot, Gelb und Orange. Doch zum Färben werden schon seit Jahren keine Schwermetalle mehr verwendet.

Als einzige in der Bundesrepublik setzt die Kaltenkirchener Firma Stockmar einer ihrer Kneten reines Bienenwachs zu. Aber auch bei solchen Naturprodukten ist Vorsicht geboten. So ist Bienenwachs heute teilweise stark mit Pestiziden aus der Land- und Forstwirtschaft belastet. Daher läßt Stockmar das Bienenwachs regelmäßig beim Bremer Umweltinstitut untersuchen und verwendet nur solches, das den Vorschriften für Lebensmittel entspricht. Da es inzwischen aber immer schwieriger wird, weit-

Knet-und Modelliermassen

	PVC	PAKs	Blei	Cadmium	Bewertung
Modelliermassen, die im Backofen erhärten					
Cernit, T + F, 6072 Dreieich	**ja**	n.e.	n.e.	n.e.	kein Spielzeug
Creatherm, Havo, NL-3851 Ermelo	**ja**	n.e.	n.e.	n.e.	kein Spielzeug
Fimo, Faber, 8430 Neumarkt	**ja**	n.e.	n.e.	n.e.	kein Spielzeug
Manoform*, Kolb, 8000 München 70	**ja**	n.e.	n.e.	n.e.	kein Spielzeug
Modello Top, Reiser, 8500 Nürnberg	**ja**	n.e.	n.e.	n.e.	kein Spielzeug
Dauerplastische Kneten					
Creaplast, Laurin-Rebhan, 8501 Ober-Asbach	–	<1	EN71	EN71	unbedenklich
Dido Knetmasse, Adica Pongo, Florenz	–	<1	EN71	EN71	unbedenklich
Fabelin, Faber, 8430 Neumarkt	–	<1	EN71	EN71	unbedenklich
Herlitz Knete, Herlitz, 1000 Berlin 21	–	>**1**	EN71	EN71	kein Spielzeug
Jolittle, Karstadt, 4300 Essen	–	<1	EN71	EN71	unbedenklich
Kneli, Faber, 8430 Neumarkt	–	<1	EN71	EN71	unbedenklich
Knetbienenwachs, Stockmar, 2358 Kaltenk.	–	<1	EN71	EN71	unbedenklich
Knete, Gordy, 2000 Hamburg	–	<1	EN71	EN71	unbedenklich
Knetmasse, Weible, 7060 Schorndorf	–	<1	EN71	EN71	unbedenklich
Knetmasse – Elite, Kaufhof, 5000 Köln	–	<1	EN71	EN71	unbedenklich
Knetmasse, Kaufhalle, 5000 Köln	–	<1	EN71	EN71	unbedenklich
Knetwachs, Stockmar, 2358 Kaltenkirchen	–	<1	EN71	EN71	unbedenklich
Knubbi, Knetgummi, Faber, 8430 Neumarkt	–	>**1**	EN71	EN71	kein Spielzeug
Läuferin, Läufer-Werke, 3000 Hannover 51	–	>**1**	EN71	EN71	kein Spielzeug
Modela, Bödecker, 7742 St. Georgen	–	<1	EN71	EN71	unbedenklich
Modello, Kolb, 8000 München 70	–	<1	EN71	EN71	unbedenklich
Münchner Künstler Plastlin, Kolb, 8 München 70	–	<1	EN71	EN71	unbedenklich
Nakiplast, Pelikan, 3000 Hannover	–	>**1**	EN71	EN71	kein Spielzeug
Plastella Knetspiel, SES Scholtz, 4460 Nordhorn	–	<1	EN71	EN71	unbedenklich

Knet-und Modelliermassen

	PVC	PAKs	Blei	Cadmium	Bewertung
Dauerplastische Kneten					
Plastili, Weible, 7060 Schorndorf	–	<1	EN71	EN71	unbedenklich
Plastilin, Beck, 7435 Hülben	–	<1	EN71	EN71	unbedenklich
Plastilin, Pelikan, 3000 Hannover 1	–	**>1**	EN71	EN71	kein Spielzeug
Rudolfa Select, Rudolf Faber, 6799 Ulmet	–	<1	EN71	EN71	unbedenklich
Schulknet, Feuchtmann, 8535 Emskirchen	–	<1	EN71	EN71	unbedenklich
Sisocolor Plastilin, SISO, 8500 Nürnberg	–	<1	EN71	EN71	unbedenklich
Wachsfolien, Stockmar, 2358 Kaltenkirchen	–	<1	EN71	EN71	unbedenklich
Lufttrocknenedes Modelliermaterial					
Backton, T + F, 6072 Dreieich	–	–	EN71	EN71	unbedenklich
Colorplast, Faber, 8430 Neumarkt	–	–	EN71	EN71	unbedenklich
DAS pronto, Adica Pongo, Florenz	–	–	EN71	EN71	unbedenklich
Efaplast, Faber, 8430 Neumarkt	–	–	EN71	EN71	unbedenklich
Holzy, Faber, 8430 Neumarkt	–	–	EN71	EN71	unbedenklich
Keramiplast, Faber-Castell, 8504 Stein	–	–	EN71	EN71	unbedenklich
Keramiton, Faber-Castell, 8504 Stein	–	–	EN71	EN71	unbedenklich
Kreuloplast, Kreul, 8550 Forchheim	–	–	EN71	EN71	unbedenklich
Play-Doh, Kenner Parker, 6054 Rodgau	–	–	EN71	EN71	unbedenklich
Tonal, Laurin-Rebhan, 8501 Ober-Asbach	–	–	EN71	EN71	unbedenklich

PAKs: policyclische aromatische Kohlenwasserstoffe in Milligramm pro Kilogramm
n.e..: nicht ermittelt
–: nicht enthalten
EN71: Blei und/oder Cadmiumgehalt entspricht der Europäischen Norm 71
*: Produktion eingestellt
Fett gedruckt führt zur Abwertung
Stand: März 1988

gehend pestizidfreie Qualitäten zu finden, muß ein Teil des Bienenwachses vor der Verarbeitung durch ein für Stockmar entwickeltes Verfahren gereinigt werden.

Kein Kinderspielzeug

- Die lufttrocknenden Modelliermassen können aus ganz unterschiedlichen Rohstoffen bestehen. *Play-Doh* von Kenner Parker beispielsweise ist ein Gemisch aus Salz und Stärke, *Efaplast* von Faber enthält Cellulosefasern, gereinigtes Kaolin, ein Bindemittel, das normalem Tapetenkleister ähnelt. Die meisten dieser Modelliermassen müssen konserviert werden. Dafür werden in der Regel Lebensmittel-Konservierungsstoffe verwendet, die auch für spielende Kinder ungefährlich sind. Bei den 10 Produkten dieser Gruppe sind PAKs nicht zu erwarten. Wir haben daher lediglich untersuchen lassen, ob die Blei- und Cadmiumgehalte der EN 71 entsprechen.
- Modelliermaterialien, die im Backofen aushärten, enthalten grundsätzlich PVC. Alle fünf derartigen Produkte in unserem ÖKO-TEST gehören daher nicht in Kinderhände. Das ist inzwischen sogar amtlich.

Nach Erscheinen des Berichts im Januar-Heft des ÖKO-TEST-Magazins beschlossen die Hersteller und das Bundesgesundheitsministerium auf einer nach Bonn einberufenen Sitzung, PVC-haltige Modelliermassen künftig mit folgendem Warnhinweis zu versehen: «Gefahr beim Verschlucken und beim Einatmen von Dämpfen. Kein Kinderspielzeug!» Diese Warnung steht künftig dann vielleicht gleich neben der Auszeichnung «spiel gut».

Öko-Test Fingerfarben

Fingerfarben sind pädagogisch wertvoll und inzwischen sogar schwermetallfrei. Die Kleinen dürfen wieder hemmungslos in den Farbtopf greifen.

«Riecht nach nix und schmeckt bitter.» Barbara Krebs, Chemieingenieurin beim Kölner Katalyse Institut, hatte sich überreden lassen, die 42 Fingerfarben nicht nur auf ihren Schwermetallgehalt zu untersuchen, sondern auch «organoleptisch», also mit Mund und Nase zu testen. «Da wird wohl kein Kind mehr den Finger abschlecken», glaubt Barbara Krebs.

Zum Essen waren die Farben nie gedacht. Die Erfahrung hatte aber gezeigt, daß die bunten, farbverschmierten Finger immer wieder im Mund landeten. Damit bekamen die Steppkes nicht nur eine rote Zunge, sondern auch eine gehörige Portion Schwermetalle.

1985 hatte das ÖKO-TEST-Magazin schon einmal Fingerfarben getestet. Damals waren drei von neun Produkten mit nennenswerten Mengen an Blei und Cadmium belastet. Die Farbstoffkommission der Deutschen Forschungsgemeinschaft (DFG) hatte seinerzeit offiziell vor den Farben gewarnt. Danach «bat» der Bundesminister für Jugend, Familie und Gesundheit die Hersteller, «im Interesse des Gesundheitsschutzes der Kinder, Fingerfarben entsprechend den Empfehlungen der DFG herzustellen».

Drei Jahre nach dem Skandal wollte das ÖKO-TEST-Magazin wissen:

- Was hat sich getan?
- Wie gefährlich sind Fingerfarben heute?

Neue Grenzwerte für Schwermetalle

Das Ergebnis ist erfreulich: Keine der getesteten Fingerfarben liegt über den Grenzwerten für Schwermetalle, die sich die Hersteller selbst gegeben haben:

- Für Arsen 10 Milligramm pro Kilogramm (mg/kg)
- Für Blei 25 mg/kg
- Für Cadmium 5 mg/kg
- Für Quecksilber 5 mg/kg

«Diese Grenzwerte wurden zum einen so festgesetzt, daß die Farben gesundheitlich unbedenklich sind», sagt Dr. Reinhold Meyer, Leiter der Entwicklung Farben der Firma Marabu, «aber auch nach dem, was technisch möglich ist.» Immerhin sind sie wesentlich niedriger als die bislang gültige Europäische Norm (EN 71). Die regelt die Sicherheitsanforderungen an Spielzeug. Zu dieser Norm schrieb die DFG seinerzeit: «Die in der DIN/EN-Vorschrift genannten Schwermetallanteile in Malfarben und Knetmassen für Kinder erscheinen recht hoch. Solche Ansätze sollten – zumal für Fingerfarben der Kinder im Vorschulalter – nicht ohne Kritik und nicht ohne Widerspruch hingenommen werden.»

Doch es dauerte noch zwei Jahre, bis sich die Produzenten auf die «freiwillige Vereinbarung über die Herstellung und das Inverkehrbringen von Fingermalfarben» einigen konnten. Für Behördenverhältnisse scheint das immer noch schnell zu sein. Aus der Pressestelle des Gesundheitsministers heißt es: «Wäre diese Sache als Gesetz über den Bundesrat gegangen, hätte es noch viel länger gedauert.»

Wie dem auch sei: «Wenn auch die Vergällung mit Bitterstoffen das Verschlucken größerer Mengen von Fingermalfarbe verhindern wird», heißt es in der Selbstverpflichtung, «so beachten die Hersteller dennoch mit besonderer Sorgfalt, mögliche Gesundheitsschäden durch toxikologisch wirksame Stoffe oder durch Verunreinigungen auszuschließen.» Was bedeutet, die Fingerfarben sollen ungiftig sein. Trotzdem dürfen sie gesundheitlich bedenkliche aromatische Amine und Schwermetalle enthalten. Außerdem, heißt es in den Richtlinien:

- Sind nur Farbstoffe und Konservierungsmittel erlaubt, die auch in Lebensmitteln und Kosmetika zugelassen sind.
- Die Verpackung der Fingerfarben muß so aufgemacht sein, daß eine Verwechslung mit Lebensmitteln nicht möglich ist.
- Die Farben dürfen nicht gesüßt und nicht aromatisiert sein.
- Um ein Verschlucken zu verhindern, wird den Farben ein Bitterstoff zugesetzt.
- Zusätzlich soll die Packung die Aufschrift tragen: «Nicht geeignet für Kinder unter 3 Jahren.»

Nur Hersteller, die alle diese Forderungen erfüllen, dürfen auf ihre Farben schreiben: «Entspricht der freiwilligen

Vereinbarung über Fingermalfarben 1987.»

Diesen Aufdruck fanden wir bislang nur auf den *Mucki Fingerfarben*. Alle anderen Hersteller versicherten auf Rückfrage, sie seien gerade dabei umzustellen. Die selbstgesetzte Frist hierfür läuft bis März 1988.

Arsen in der Paste

Bereits jetzt sind die Schwermetalle Arsen, Blei, Cadmium und Quecksilber meistens nicht mehr nachweisbar. Lediglich *Happy Color* von Laurin-Rebhan und die im gleichen Haus hergestellte *Fingerfarbe* von Herlitz sind leicht mit Arsen und Blei belastet. Robert Reichle, Geschäftsführer der Laurin-Rebhan, dazu: «Wir haben eine Probe genommen. Wenn sich das von Ihnen gemessene Ergebnis bestätigt, werden wir von unseren Lieferanten geringer belastete Ausgangsstoffe fordern.»

Fingerfarben werden aus Farbpigmenten, Bindemitteln und Füllstoffen hergestellt. Die Schwermetalle können aus den Füllstoffen (Kreide oder Porzellanerde) oder den Pigmenten stammen. Da nur schwarze und braune Farbe betroffen ist, sind vermutlich die Eisenoxidpigmente, die mit Blei und Arsen verunreinigt sein können, schuld an der Belastung.

Eine Hypothek fürs Leben

Für Dr. Hermann Kruse, Chemiker der Untersuchungsstelle für Umwelttoxikologie in Kiel, sind die 5,7 Milligramm Arsen, die wir in dem schwarzen Farbtopf von Herlitz fanden, zuviel. «Da dieses Metall schon in geringen Mengen die Enzyme schädigt und nach Anwendung von arsenhaltigen Pestiziden bei Winzern Lungenkrebs beobachtet wurde, muß das Zeug raus.» Kruse denkt dabei vor allem an Kinder, die in ohnehin belasteten Gebieten wohnen. Zum Beispiel in der Nähe einer Metallhütte, die in größeren Mengen Arsen freisetzt, könne eine Gefährdung nicht ausgeschlossen werden.

Im übrigen gilt für Schwermetalle auch heute noch unsere Beurteilung von 1985: «Man kann davon ausgehen, daß wir durch das normale Leben, durch Nahrung, Luft und Flüssigkeit so weit mit Schwermetallen belastet sind», schrieben wir damals, «daß jede zusätzliche Aufnahme, die nicht durch die berechenbaren Normalrationen erfaßt ist, den Organismus über die als tolerierbar angesehene Aufnahmegrenze hinaus belastet. Die Schwermetalle sind typische Kumulationsgifte mit einer äußerst langen Halbwertzeit. Eine Entgiftung findet daher praktisch nicht statt. Jede aufgenommene Schwermetallmenge ist eine Hypothek fürs ganze Leben. Dies ist vor allem bei Kindern sehr bedenklich, weil bei ihnen die Resorptionsquote (der Aufnahmeanteil) von Schwermetallen bei gleicher zugeführter Menge höher liegt als bei einem Erwachsenen.»

Abgeleckte Farbfinger

Dabei sind wir davon ausgegangen, daß die Fingerfarben nicht nur mit der Haut in Kontakt kommen, sondern manchmal auch gegessen werden. Früher ist das häufig vorgekommen. Professor Günter Lehmann, Mitglied der Farbstoffkommission der DFG, wollte seinerzeit für seine Untersuchung Proben aus Kindergärten holen. Aber es gab keine. Die Kinder hatten alles aufgegessen. Besonders wenn die Paste nicht nur schön bunt aussah, sondern auch noch süß und fruchtig schmeckte, landete oft mehr Farbe im Mund als auf dem Malpapier. Süß wurden die Fingerfarben durch einen Sirup, der die Pasten feucht hielt. Inzwischen ist ein anderes Feuchthaltemittel gefunden, ohne Geschmack.

Um auf Nummer Sicher zu gehen, geben die Hersteller heute zusätzlich einen Bitterstoff zu. Drei Substanzen sind vom Bundesgesundheitsamt genehmigt. Darunter Naringin, ein Stoff, der auch in Pampelmusen vorkommt. «Durch den unangenehmen Geschmack wird ein In-den-Mund-Nehmen und Verschlucken merklicher Mengen verhindert», heißt es in der Selbstverpflichtung.

«Die Kinder essen die Farbe doch nicht»

Dies bestätigen auch Erzieherinnen. «Im Gegenteil», sagt Irmgard Hahn, «vielen Kindern ist es nicht unangenehm, in die feuchte, kühle Farbe zu greifen.» Zunächst tauchen sie vorsichtig nur mit einem Finger ein. Nach und nach vergeht dann die Scheu, bis sie zum Schluß mit beiden Händen arbeiten. Dafür sind Fingerfarben auch da. Sie helfen, Hemmungen abzubauen und eine übertriebene Sauberkeitserziehung auszugleichen.

Die bunten Pasten sind pädagogisch sehr wertvoll. Das bestätigt auch Professor Rudolf Seitz von der Akademie für bildende Künste in München. Der Umgang ist «ähnlich wie bei nassem Sand lustbetont und enthemmend«, schreibt er in seinem Buch «Zeichnen und Malen mit Kindern».

Lieselotte Pee, Vorsitzende des «spiel gut»-Ausschusses, weiß: «Fingerfarben eignen sich besonders für frühe Malversuche, wenn der Umgang mit Pinsel und Stiften den Kindern noch Schwierigkeiten macht.» Deshalb hält sie auch den Vorschlag für abwegig, die Packungen mit der Aufschrift «Nicht für Kinder unter 3 Jahren» zu kennzeichnen. Zwar sind auch die ungiftigsten Farben keine Eßwaren, aber bei der Malerei muß man die Kleinsten ohnehin beaufsichtigen, denn in der Hitze des Gefechts werden nicht nur Hände, Gesicht und Haare, sondern auch Kleider, Tapeten und Möbel bunt.

7 Fingerfarben im Test

	Preis im DM	Menge	Farbe	Arsen in mg/kg	Cadmium in mg/kg	Blei in mg/kg	Quecksilber in mg/kg	Bewertung
Mali plus; Eberhard Faber, Neumarkt	18,95	6x100 ml						
			weiß	n.n.	n.n.	n.n.	n.n.	empf.
			gelb	n.n.	n.n.	n.n.	n.n.	empf.
			rot	n.n.	n.n.	n.n.	n.n.	empf.
			grün	n.n.	n.n.	n.n.	n.n.	empf.
			blau	n.n.	n.n.	n.n.	n.n.	empf.
			schwarz	1,3	n.n.	n.n.	n.n.	empf.
Happy Fingerfarben; Sedes Interplay	15,90	6x100 ml						
			weiß	n.n.	n.n.	n.n.	n.n.	empf.
			gelb	n.n.	n.n.	n.n.	n.n.	empf.
			rot	n.n.	n.n.	n.n.	n.n.	empf.
			grün	n.n.	n.n.	n.n.	n.n.	empf.
			blau	n.n.	n.n.	n.n.	n.n.	empf.
			schwarz	n.n.	n.n.	n.n.	n.n.	empf.
Mucki Fingerfarben; Kreul, Forchheim	22,60	6x120 ml						
			gelb	n.n.	n.n.	n.n.	n.n.	empf.
			rot	n.n.	n.n.	n.n.	n.n.	empf.
			blau	n.n.	n.n.	n.n.	n.n.	empf.
			grün	n.n.	n.n.	n.n.	n.n.	empf.
			braun	n.n.	n.n.	n.n.	n.n.	empf.
			schwarz	3,1	n.n.	n.n.	n.n.	empf.
Marabu Fingerfarben; Marabu, Tamm	16,60	6x125 ml						
			gelb	n.n.	n.n.	n.n.	n.n.	empf.
			rot	n.n.	n.n.	n.n.	n.n.	empf.
			grün	n.n.	n.n.	n.n.	n.n.	empf.
			blau	n.n.	n.n.	n.n.	n.n.	empf.
			braun	n.n.	n.n.	n.n.	n.n.	empf.
			schwarz	1,0	n.n.	n.n.	n.n.	empf.

	Preis im DM	Menge	Farbe	Arsen in mg/kg	Cadmium in mg/kg	Blei in mg/kg	Quecksilber in mg/kg	Bewertung
Berol Chromar, Northfolk, England		6x100 ml						
			gelb	n.n.	n.n.	n.n.	n.n.	empf.
			orange	n.n.	n.n.	n.n.	n.n.	empf.
			rot	n.n.	n.n.	n.n.	n.n.	empf.
			grün	n.n.	n.n.	n.n.	n.n.	empf.
			blau	n.n.	n.n.	n.n.	n.n.	empf.
			schwarz	n.n.	n.n.	n.n.	n.n.	empf.
Happy Color; Rebhan, Oberasbach	9,95	6x100 ml						
			gelb	n.n.	n.n.	n.n.	n.n.	empf.
			rot	n.n.	n.n.	n.n.	n.n.	empf.
			grün	n.n.	n.n.	n.n.	n.n.	empf.
			blau	n.n.	n.n.	n.n.	n.n.	empf.
			braun	4,0	n.n.	**17,0**	n.n.	e. empf.
			schwarz	n.n.	n.n.	**15,4**	n.n.	e. empf.
Fingerfarben; Herlitz	11,95	6x80 ml						
			gelb	n.n.	n.n.	n.n.	n.n.	empf.
			rot	n.n.	n.n.	n.n.	n.n.	empf.
			grün	n.n.	n.n.	n.n.	n.n.	empf.
			blau	n.n.	n.n.	n.n.	n.n.	empf.
			braun	**5,7**	n.n.	n.n.	n.n.	e. empf.
			schwarz	n.n.	n.n.	n.n.	n.n.	empf.

fett gedruckt: führt zur Abwertung
empf. – empfehlenswert
e. empf. – eingeschränkt empfehlenswert
Stand: März 1988

Öko-Test Sandkästen

Wenn die Strahlenschutzverordnung auch Spielplätze schützen würde, hätte selbst noch im Sommer 87 jeder dritte Sandspielkasten in der Bundesrepublik gesperrt werden müssen. Doch nicht nur Cäsium, auch Coli-Bakterien sind oft mit im Spiel.

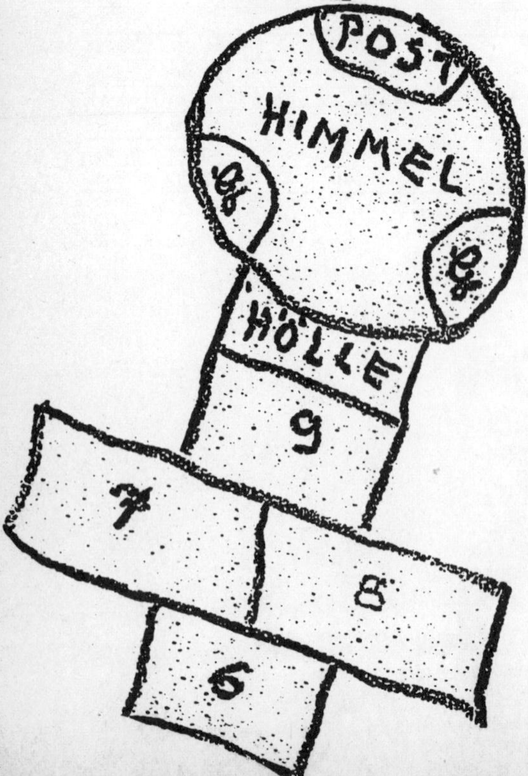

Der Sommer 86, jener Sommer der radioaktiv verseuchten Buddelkästen, scheint weit zurückzuliegen. In den warmen Monaten des vergangenen Jahres wurden wieder sorgloser Kuchen gebacken und Burgen gebaut. Nicht ganz zu Recht, wie wir feststellen mußten.

Unser ÖKO-TEST von insgesamt 100 Sandkästen im gesamten Bundesgebiet hat ergeben, daß über die Hälfte aller Kinder noch immer im strahlenden Sand spielen müssen: überall dort, wo mehr als zehn Becquerel (Bq) je Kilo Sand enthalten sind.

– Die Augsburger Spielplätze an der Äußeren Uferstraße und Elisenstraße haben die Spitzenwerte von 659 und 506 Bq erzielt. Dabei handelt es sich bei dem letztgenannten Wert sogar um eine im Frühsommer frisch aufgefüllte Sandkiste. Wahrscheinlichste Erklärung: Der Sand stammt aus der obersten Schicht der Halde. Auf unsere Untersuchung hin hat die Augsburger Stadtverwaltung übrigens prompt reagiert und alle öffentlichen Spielplätze neu versorgt, diesmal mit Sand «von unten».

– Drei Spielplätze, davon einer im Norden, strahlten mit Werten über 100 Bq ebenfalls ziemlich stark: München, Chiemgau Straße (123 Bq), Regensburg, Burgunder Straße (122 Bq) und Osnabrück, Platz des 20. Juli (105 Bq).

– Sieben weitere Spielplätze in Leverkusen, Münster, Osnabrück, Hannover, Dortmund und München enthielten zwischen 50 und 100 Bq je Kilo.

– Und nur 48mal enthielt der Spielsand weniger als 10 Bq.

Begründete Hoffnungen von Wissenschaftlern und Eltern, die Radioaktivität werde im Sand ausgewaschen und Buddelkästen seien inzwischen unbelastet, sind damit wohl geplatzt. Xaver Brenner, Pressesprecher des Münchner Umweltinstituts, das bei einer Analyse Münchner Spielplätze Anfang Juni 87 ähnlich hohe Werte ermittelt hat: «Die Haftung radioaktiver Staube an Brechsand ist offensichtlich stärker als angenommen.» Außerdem deuteten die gefundenen Mengen an Ruthenium 106 darauf hin, «daß sogenannte heiße Teilchen, Hot Spots, vorhanden sind». Diese radioaktiven Staubteilchen mit extrem hoher Strahlung wirken besonders intensiv, wenn sie eingeatmet oder verschluckt werden.

Sandschlucken ist dennoch ein untergeordnetes Problem, die Bestrahlung von außen ist gefährlicher. Bei einer 30 Zentimeter dicken Sandschicht mit 100 Bq je Kilo strahlen auf einem Quadratmeter schon 45 000 Bq, die Hälfte davon, 22 500, wirken nach oben und sind für Kleinkinder nicht gerade gesundheitsfördernd. Vor allem, wenn berücksichtigt wird, daß die Kleinen bis zu 300 Stunden jährlich im Buddelkasten hocken.

Schutzverordnung gilt nix

Auch die Grenzwerte der – nur für den Bereich kerntechnischer Anlagen geltenden – Strahlenschutzverordnung (StrlSchV) zeigen, daß die ermittelten Spielsand-Werte nicht so ohne sind. Demnach müßte nämlich jeder dritte der von uns analysierten Spielplätze als verseucht bezeichnet werden: sie strahlen je Quadratmeter mit über 3700 Bq. Hinter dem Zaun eines Kernkraftwerkes müßten diese Sandkästen bei Drohung eines Bußgeldes entsprechend gekennzeichnet und entseucht werden.

Spielsand aus Augsburg hätte selbst im Überwachungsbereich eines Kernkraftwerkes nichts zu suchen. In dieser Zone hat der Gesetzgeber je Quadratmeter 37 000 Bq als Obergrenze festgelegt. Wir fanden bis zu 148 000 Bq, 659 je Kilo.

Die Bundesregierung sieht bei dieser hohen Belastung keine Probleme, Ex-Umweltminister Wallmann hat daher den Geltungsbereich der Strahlenschutzverordnung auf den Umgang mit radioaktiven Stoffen eingeschränkt. Der Fallout von Tschernobyl gehört nicht mit dazu.

Ein feines Katzenklo

In 91 der insgesamt 100 von uns untersuchten Sandkästen ist nicht nur Sand, sondern auch Kot mit dabei, wenn Kleinkinder «backe, backe Kuchen» spielen. Das beweisen die E-Coli- und Clostridien-Befunde. Diese Bakterien befinden sich sonst nur im Stuhl von Warmblütern und gelten als sichere Anzeiger fäkaler Verunreinigungen; und wo die Kacke am Dampfen ist, sind außer E-Colis und Clostridien auch immer krank machende Bakterien mit dabei.

Urheber des Drecks sind vor allem die Vierbeiner. Gegen das

Ausführen von Hunden auf Spielplätzen wären zwar Maßnahmen denkbar. Das Hauptproblem machen die frei herumlaufenden Katzen. «Die legen gern in Sandkästen ihr Ei ab und scharren mit der Pfote alles wieder zu», hat Professor Ralph Schubert vom Hygiene-Institut der Frankfurter Universität herausgefunden, «verhindern läßt sich das nicht.» Anscheinend hilft dagegen nur ständiges Sandauswechseln. Aber wie oft?

Die 878 000 Keime in der Trierer Matthiasstraße (zum Vergleich: frischer Sand enthält maximal 10 000 Keime je Gramm) deuten an, daß der übliche jährliche Wechsel zu wenig sein könnte. Denn dieser Sand war noch kein Jahr im Buddelkasten. (Auf unsere Untersuchung hin hat das Trierer Gartenamt ihn nochmals erneuert.)

Ähnlich ist die Situation auch in Essen: Obwohl an der Ruhr jedes Jahr Buddelsand ausgetauscht wird, fanden wir 820 000 und 650 000 Keime in einem Gramm. Pinkeln Hunde und Katzen im Ruhrgebiet besonders gern auf Sand?

Wahrscheinlicher ist, daß beim Sandwechseln geschludert wird, und zwar nicht nur in Essen. «Häufig werden nur 20 Zentimeter von der Oberfläche abgetragen», hat jedenfalls Professor Schubert beobachtet, «wenn später mit der Hacke gegraben wird, ist der alte Sand sofort wieder oben.»

Daß nicht unbedingt frischer Sand eingefüllt werden muß, haben Tests am Frankfurter Hygiene-Institut ergeben. Danach reicht es völlig aus, wenn der alte Spielsand gesiebt und gewaschen wird. Die festen Kotteile würden dabei so gründlich zerkleinert und verteilt, daß die Bakterien schnell absterben und der Sand später wieder in den Buddelkasten gekippt werden kann – in einwandfreiem Zustand.

Becquerels und Bakterien auf Kinderspielplätzen

	Clostridien [1]	Kolonien [2]	E-Coli [1]	Bq [3]
Aachen, Malmedyer Str.	ja	75 000	ja	10
Aachen, Bergdriesch	ja	177 000	ja	<5
Augsburg, Elisenstr.	ja	290 000	ja	506
Augsburg, Äußere Uferstr.	ja	41 000	ja	659
Berlin 36, Schönleinstr.	ja	164 000	ja	<5
Berlin 41, Borstellstr.	ja	468 000	ja	13
Bielefeld, Kleiststr.	nein	85 000	ja	17
Bielefeld, Bavink-Gymnasium	ja	16 000	ja	<5
Bochum, Freiligrathstr.	ja	96 000	ja	23
Bochum, Hedwigstr.	nein	95 000	ja	<5
Bonn, Argelanderstr.	ja	103 000	ja	<5
Bonn, Lenau-/Mörikestr.	ja	134 000	ja	12
Braunschweig, Theaterwall	ja	26 000	ja	7
Braunschweig, Dresdner Str.	ja	255 000	ja	24
Bremen, Bürgerpark	nein	1 200	nein	<5
Bremen, Am Lehester Deich	ja	750 000	ja	<5
Darmstadt, Pfannmüllerweg	ja	64 000	ja	11
Darmstadt, Herrengarten	ja	20 000	ja	9
Dortmund, Messelinckstr.	ja	65 000	ja	73
Dortmund, Robert-Koch-Str.	nein	42 000	nein	<5
Düsseldorf, Kanonierstr.	ja	2 000	ja	<5
Düsseldorf, Am Oberen Werth	ja	6 000	ja	31
Duisburg, Gerhardplatz	ja	138 000	ja	<5
Duisburg, Alexanderstr.	ja	80 000	ja	6
Erlangen, Mozartstr.	ja	72 000	ja	29
Erlangen-Südst., Breslauer Str.	ja	145 000	ja	19
Essen, Kiwittstr.	ja	650 000	ja	8
Essen, Gerlingstr.	ja	820 000	ja	15
Frankfurt, Frankenallee	ja	8 000	ja	<5
Frankfurt, Nordenplatz	ja	250 000	ja	<5
Freiburg, Breisacher Str.	ja	105 000	ja	<5
Freiburg, Schwarzwaldstr.	ja	180 000	ja	<5
Gießen, Wolkengasse	ja	8 400	ja	<5
Gießen, Klinik-/Crednerstr.	ja	4 000	ja	6
Göttingen, Sandersbeek	ja	150 000	ja	31
Göttingen, Cheltenhampark	ja	31 000	ja	38
Hagen, Steinplatz	nein	29 000	nein	<5
Hagen, Talstr.	ja	96 000	nein	<5
Hamburg, Probsteier Str.	ja	33 000	ja	<5
Hamburg, Dulsberg Str.	ja	20 000	ja	<5
Hannover, De-Haen-Platz	ja	34 000	ja	6
Hannover, Eichenweg	nein	38 000	ja	64
Heidelberg, Ufer-/Kepplerstr.	ja	290 000	ja	15
Hildesheim, Max-Leeser-Str.	ja	2 000	ja	<5
Hildesheim, Steingrubem	nein	1 400	ja	<5
Kaiserslautern, Alex Müller Str.	ja	530 000	ja	30
Kaiserslautern, Kettenweg	ja	145 000	ja	26
Karlsruhe, Tullastr.	ja	210 000	ja	<5

	Clostridien[1]	Kolonien[2]	E-Coli[1]	Bq[3]
Karlsruhe, Fliederplatz	ja	800 000	ja	6
Kassel, Goetheanlage	ja	64 000	ja	<5
Kassel, Landaustr.	ja	70 000	ja	20
Kiel, Elisabethstr. 90	ja	18 000	nein	38
Kiel, Räucherei Preetzer Str.	ja	90 000	ja	30
Koblenz, Südallee/Ludwigstr.	ja	88 000	ja	10
Koblenz, Niederberger Höhe	ja	40 000	ja	<5
Köln, Frankfurter Str.	ja	165 000	ja	40
Köln, Zollstockweg	ja	57 000	ja	20
Leimen, Menzer-Park	ja	71 000	ja	17
Leverkusen, Fr.-Fd.-Runge-Str.	ja	59 000	ja	54
Leverkusen, Siebelplatz	ja	56 000	ja	74
Ludwigshafen-Ogh., Sternstr.	ja	290 000	ja	10
Ludwigshafen, Dreifaltigkeitskirche	ja	402 000	ja	24
Lübeck, Possehlstr.	ja	25 000	ja	9
Lübeck, Kanal-/Hundestr.	ja	5 000	ja	44
Mainz, Corneliusanlage	ja	42 000	ja	<5
Mainz, Kaiserstr.	ja	57 000	ja	<5
Mannheim, Karl-Reiß-Platz	ja	49 000	ja	<5
Mannheim, Roonstr., Kunsthalle	ja	166 000	ja	<5
Marburg, Schülerpark	nein	800	nein	9
Marburg, Alfred-Wegener-Str.	ja	4 000	nein	<5
Mönchengladbach-Rheyd, Gotzweg	ja	9 400	nein	16
Mönchengladbach, Freizeitpark Dahl	nein	1 600	nein	10
München, Eichendorffplatz	ja	767 000	ja	83
München, Chiemgau Str.	ja	190 000	ja	123
Münster, Lütkebach	ja	163 000	ja	28
Münster, Kleimannstr.	ja	122 000	ja	52
Nürnberg, Melanchtonplatz	ja	175 000	ja	6
Nürnberg, Flur-/Heimerichstr.	ja	23 000	ja	<5
Oberhausen, Kreuzbergweg	ja	730 000	ja	23
Oberhausen, Grillestr.	ja	620 000	ja	38
Oldenburg, Kita Blumenstr.	ja	310 000	ja	26
Oldenburg, Heidkamper Weg	ja	480 000	ja	22
Osnabrück, Hospital Iburger Str.	ja	10 000	ja	62
Osnabrück, Platz des 20. Juli	nein	20 000	ja	105
Regensburg, Burgunder Str.	nein	20 000	ja	122
Regensburg, «Studentenwiesle»	ja	25 000	ja	<5
Saarbrücken, Am Staden	ja	500 000	ja	19
Saarbrücken, Gebweilerstr.	ja	190 000	ja	20
Stuttgart, Höhenpark Killesberg	ja	340 000	ja	21
Stuttgart, Schützenstr.	ja	260 000	ja	16
Trier, Viktoriastr.	ja	362 000	ja	26
Trier, Matthiasstr.	ja	878 000	ja	29
Tübingen, Grünewaldstr.	ja	94 000	ja	<5
Tübingen, Am Stadtgraben	ja	96 000	ja	<5
Wiesbaden, Am Rheinufer	nein	92 000	ja	<5
Wiesbaden, Blücherplatz	ja	100 000	ja	<5
Wuppertal-Barmen, Leibuschstr.	nein	15 000	ja	<5
Wuppertal, Mühlenweg	ja	52 000	ja	<5
Würzburg, Richard-Strauß-Str.	ja	31 000	ja	7
Würzburg, Landwehrstr.	ja	16 000	ja	11

1) Analysierte Menge: Zehn Gramm
2) Anzahl in einem Gramm Trockensubstanz
3) Gesamt-Cäsium je Kilo
Stand: März 1988

Kindersitze

Kindersitze fürs Fahrrad werden immer luxuriöser. Trotzdem gibt es Unterschiede: in Sicherheitsfragen zum Beispiel. Und auch zwischen «hinten» und «vorn» müssen Sie sich entscheiden.

Kindes Lust – Radlers Last

Für die Prospektschreiber des schwedischen Kindersitzherstellers «Rex» in Halmstad ist die Frage geklärt: In Schweden, «einem Vorreiter in puncto Kindersicherheit, besteht die herrschende Auffassung, daß das Kind aufgrund der Fahrsicherheit hinten sitzen muß».

Auch Herr Feige, der beim Technischen Überwachungsverein Hessen in Eschborn als Mitarbeiter der Prüfstelle für technische Arbeitsmittel mit Kindersitzen befaßt ist, sieht das nicht anders. «Ich persönlich bevorzuge eindeutig die Kinderbeförderung hinter dem Fahrer, auf dem Gepäckträger.»

Dem Expertentrend folgen immer mehr Hersteller, die mit immer neuen Modellen für die Montage auf dem Gepäckträger auf den Markt kommen. Dennoch vermag uns die Ansicht der Fachleute nicht so recht zu überzeugen. Die Befürworter des Kindertransports «hinten» gehen bei ihrem Urteil davon aus, daß der «klassische» Radfahrunfall vorn passiert: beim Aufprallen auf ein Hindernis zum Beispiel oder beim Versuch, einen hohen Bordstein in voller Fahrt zu erklimmen. Dann – so wird argumentiert – sei das vorn sitzende Kind dem Sturz ungeschützt preisgegeben. Ein recht beliebiges Argument. Man stelle sich nur ein dem radelnden Elternteil aufgezwungenes jähes Bremsmanöver und ein daraufhin auffahrendes Auto vor. Kindersicherheit hinten?

Für den Blick nach vorn

Eine Transportmöglichkeit scheidet von vornherein aus: Einen Kindersitz vorn so zu montieren, daß das Kind mit dem Rücken zur Fahrtrichtung sitzt. Nicht nur daß das dem Kind und seiner (hoffentlich stark ausgeprägten) Neugier gegenüber unzumutbar ist. Siegt diese nämlich doch, wird sich das Kind immer wieder umdrehen und nach vorn sehen wollen. Das ist für das Kind ein Martyrium und für das Fahrverhalten das Allerletzte: schlingernder und unsicherer geht's nimmer. Günstiger ist die Plazierung des Kindes mit Blick-

Kindersitze

richtung nach vorn. Vor allem bei der Überlandpartie erweist diese Transportweise ihre unschätzbaren Vorteile. Fahrer(in) und Kind sehen dann grundsätzlich dasselbe und können sich darüber auch unterhalten. Das ist von unschätzbarem Wert, wenn es darum geht, dem Sprößling etwas zu erklären: die erste Kuh beispielsweise (bei Stadtkindern) oder den ersten Wolkenkratzer (bei solchen vom Lande).

Für das Sitzen vorne gibt es nur noch eine kleine Auswahl an Kindersitzen. Endgültig von der Bildfläche verschwunden ist jene ungepolsterte, traktorsitzähnliche Halbschale, unter dem Markennamen «Bulldog», die jahrzehntelang das Bild des Kindertransports bestimmte. Die Firma August Meier in Singen, die die Bulldog-Serie im Programm führt, hat kräftig modernisiert. Einfachstes Modell ist jetzt der «Mini» (Bulldog 491) für 55 Mark, ein gepolsterter Sitz mit Sicherheitsgurt und großzügiger Speichenabdeckung. Der Halter wird bei diesem Modell auf dem Ober- bzw. oberen Schrägrohr montiert. Der «Midi» (Bulldog 576) kostet rund 70 Mark und wird am Steuerkopf angebracht. Beide Modelle sind für eine maximale Belastung von 15 Kilogramm ausgelegt.

Römer aus Ulm bietet mit dem «Sulky» (rund 65 Mark) eine Kunststoffschale aus «einem Guß». Statt eines Sicherheitsgurtes verfügt dieser Sitz über einen integrierten Sicherheits«lenker», mit dem allerdings nicht gelenkt, dafür aber das Kind beschäftigt werden kann. Solange es sich daran festhält, spielt es nicht mit den Bedienungselementen am Erwachsenenlenker. Auch der «Sulky» trägt bis zu 15 Kilo.

Nur der Vollständigkeit halber seien die für den Vorne-Transport gedachten Sitze, bei denen das Kind mit dem Rükken zur Fahrtrichtung sitzt, aufgeführt. Der «Maxi» (Bulldog 590 V) von Maier entspricht in der Ausstattung dem «Midi» des gleichen Herstellers, hat eine etwas höhere Rückenlehne und kostet um die 80 Mark.

Sitzen wie im Cockpit

Die ehemals von uns als Sonderservice gelobten Zubehöre wie Sicherheitsgurte und Sicherheitsabdeckungen an den Fußhaltern sind mittlerweile obligatorisch. Das regelt die neugefaßte DIN-Norm 79 120. So spielt sich die Konkurrenz unter den Produkten am Markt denn auch nicht mehr über das Vorhandensein oder Fehlen solcher sinnvoller Zubehörteile, sondern vorwiegend über das «Styling» ab.

Vor allem die Kindersitze, die für die Montage auf dem Gepäckträger gedacht sind, haben mittlerweile ein zunehmend futuristisches Aussehen. Für 99 Mark beispielsweise bietet der neuentwickelte Fahrrad-Kindersitz der Firma Kettler außer einer besonders hohen Rückenlehne einen Rückstrahler (derer das Rad ohnehin schon zwei haben sollte) und eine höhenverstellbare Kopfstütze.

Im Cockpit-Look des Jet-set-Zeitalters präsentiert sich der ebenfalls neuentwickelte «Jokkey» von Römer. 119 Mark kostet allerdings auch das Flaggschiff der Kindersitze für «hinten». Die bei Kettler serienmäßige Kopfstütze wird demnächst auch für den «Jokkey» zum Nachrüsten (gegen Aufpreis) lieferbar sein. Komfortabel und solide scheint der Hosenträgergurt, der überdies größenverstellbar ist. Ein Unterschied zu anderen Marktangeboten: Der Sitz wird nur über, nicht aber direkt am Gepäckträger angebracht. Das erscheint sinnvoll, waren doch in einer inzwischen zwei Jahre alten Marktuntersuchung der «Stiftung Warentest» zahlreiche Bedenken gegen die Haltbarkeit von Gepäckträger-Befestigungen geäußert worden. Der «Jockey» wird mit einer Spezialhalterung direkt am Rahmen befestigt und dort mit einem Schieber gesichert. Tragen kann der «Jockey» bis zu 22 Kilogramm.

Schon etwas betagter in seinem äußeren Erscheinungsbild ist der Römer «Hamax», der je nach Tragfähigkeit des Gepäckträgers 15 oder 22 Kilogramm Kindergewicht bewältigt. Kostenpunkt: rund 70 Mark.

Eher im «alternativen» Fahrradhandel als in herkömmlichen Radläden können Sie auf die Kindersitze der dänischen Firma Winther stoßen. Es gibt zwei Versionen: die Standardausführung zu etwa 60 Mark

Kindersitze fürs Fahrrad

Produkt	**Hersteller**	**Ausstattung**	**Preis**
Montage vor dem Fahrer			
Nr. 1 A	van Balveren, Silvolde/NL	Weidenkorbsitz mit Sitz- und Rückenpolster, verstellbare Fußstützen, maximale Gewichtsbelastung 15 kg, Montage am Steuerrohr, Kind blickt zum Fahrer	ca. 95 Mark
Bulldog 491 Mini	August Maier, Singen	Metallsitz mit Kunststoffpolster, verstellbare Fußstützen, Sicherheitsgurt, großzügige Speichenabdeckung, maximale Gewichtsbelastung 15 kg, Montage mit Halter 149 am Oberrohr (Herrenrad) oder oberen Schrägrohr (Damenrad), Kind sieht nach vorn	ca. 55 Mark
Bulldog 576 Midi	August Maier, Singen	Metallsitz mit Kunststoffpolster, verstellbare Fußstützen, Sicherheitsgurt, großzügige Speichenabdeckung, maximale Gewichtsbelastung 15 kg, Montage am Steuerkopf (Halter Nr. 157), Kind sieht nach vorn	ca. 70 Mark
Bulldog 590 V Maxi	August Maier, Singen	Metallsitz mit Kunststoffpolster und hoher Rückenlehne, verstellbare Fußstützen, Sicherheitsgurt, großzügige Speichenabdeckung, maximale Gewichtsbelastung 15 kg, Montage am Steuerkopf (Halter Nr. 159) Kind blickt zum Fahrer	ca. 80 Mark
Sulky	Römer Britax, Ulm	Kunsstoffschale mit integriertem Bein- und Fußschutz, Fußstützen verstellbar, Sitzpolster Sicherheitslenker anstelle eines Gurts, maximale Gewichtsbelastung 15 kg, Montage am Steuerkopf (Halter mit Sicherungsschieber), Kind sieht nach vorn	ca. 65 Mark
Montage hinter dem Fahrer			
Nr. 0	van Balveren, Silvolde/NL	Weidenkorb mit geschlossenem Fußkasten, Sitz- und Rückenpolster, maximale Gewichtsbelastung 22 kg, Montage auf dem Gepäckträger, Kind blickt zur Seite!	ca. 115 Mark
Kindersitz	Heinz Kettler, Ense	Kunststoffschale mit integriertem Bein- und Fußschutz, Fußstützen verstellbar, Sitz- und Rückenpolster, einstellbare Kopfstütze, Sicherheitsgurt, maximale Gewichtsbelastung 22 kg, Montage auf dem Gepäckträger	99 Mark

Produkt	Hersteller	Ausstattung	Preis
Bulldog 590 Maxi	August Maier, Singen	Metallsitz mit Kunststoffpolster und hoher Rückenlehne, verstellbare Fußstützen, Sicherheitsgurt, Beinschilder, maximale Gewichtsbelastung 22 kg, Montage bei Modell R am hinteren Rahmenbau (mit Halter Nr. 161), bei Modell H auf dem Gepäckträger (mit Halter Nr. 158)	ca. 80 Mark
Bulldog 600 Pony	August Maier, Singen	Kunsstoffschale mit integriertem Bein- und Fußschutz, Fußstützen verstellbar, Sitz- und Rückenpolster, Hosenträgergurt, maximale Gewichtsbelastung 22 kg, Montage am hinteren Rahmenbau (mit Halter Nr. 161) oder auf dem Gepäckträger (mit Halter Nr. 158)	ca. 95 Mark
Hamax	Römer-Britax, Ulm	Kunsstoffschale mit integriertem Bein- und Fußschutz, Hosenträgergurt, maximale Gewichtsbelastung 15 kg (bei Gepäckträgertragfähigkeit von 10 kg) bzw. 22 kg (bei Gepäcktragfähigkeit von 20 kg), Montage kombiniert auf dem Gepäckträger und am hinteren Rahmenbau	ca. 70 Mark
Jockey	Römer-Britax, Ulm	Kunststoffschale mit integriertem Bein- und Fußschutz, Fußstützen verstellbar, Sitz- und Rückenpolsterung, Handgriffe, Hosenträgergurt, nachträglich montierbare Kopfstütze, maximale Gewichtsbelastung 22 kg, Montage am Sattelrohr	119 Mark
Baby-Comfort 1	Weyer, Heiligenhaus	Kusntstoffschale mit integriertem Bein- und Fußschutz, Fußstützen verstellbar, Sitzpolster, Hosenträgergurt, zusätzliche großzügige Speichen- und Sattelfederabdeckung, maximale Gewichtsbelastung 22 kg, Montage am Gepäckträger	ca. 90 Mark
Winther	Winther, Them (DK)	Metallgerüst mit eingehängter Kunststoffschale, Fußstützen verstellbar, zusätzlich Beinschilder, Sicherheitsgurt, Sattelfederabdeckung, maximale Gewichtsbelastung 22 kg, Montage wahlweise mit Gepäckträgerklammer oder mit Bulldog-Befestigung	60 – 90 Mark

Stand: März 1988

und die Komfortausführung zu 80 bis 90 Mark.

Unkompliziert gelöst hat die Firma Maier das Angebotsproblem für die Hinten-Beförderung. Den «Maxi», der schon für vorn vorgestellt wurde, gibt es mit anderen Bestellnummern auch für die Befestigung hinten. Der Bulldog 590 R wird direkt am Rahmen befestigt, der 590 H mit Hilfe eines speziellen Verbindungsteils an Rahmen und Gepäckträger. Der «Pony 600» von Maier/Bulldog trägt maximal 22 Kilogramm. Die weiße Kunststoffschale mit Hosenträgergurt, Polster und einem «Tableau» genannten Minitisch fürs Kind kostet rund 95 Mark.

Die Firma Weyer bietet für zirka 90 Mark den Kindersitz Baby-Comfort 1, bei dem vor allem die solide Kunststoff-Speichenabdeckung ins Auge fällt.

Bei aller Liebe zu natürlichen Materialien: Vom hinten zu montierenden Weidenkorb-Sitz der Firma von Balveren (Niederlande) raten wir ab. Das Monstrum mit vollständig geschlossenem Fußkasten wird nämlich quer zur Fahrtrichtung befestigt. Zusammen mit der vom Hersteller gepriesenen Schnellbefestigung kommt uns das Ganze sehr unsicher vor. Das Kind blickt zur Seite. Jedes Nachvorn- oder Nachhintenlehnen des Kindes führt automatisch zu heftigem Schwanken des ganzen Fahrrades und mag bei größerer Heftigkeit den Sturz des ganzen Beförderungsunternehmens bewirken.

Sicherheit en détail

Der Teufel steckt immer im Detail. Das ist beim Kindertransport auf dem Fahrrad nicht anders. Dann zum Beispiel, wenn sich Fahrer oder Fahrerin den Luxus eines bequemen, sprich: spiralgefederten Sattels geleistet haben. Diese Spiralfedern können sich leicht in eine gemeine Quetschfalte für Kinderhände verwandeln. Den gelegentlich gelesenen Rat, dann doch den

Sattel zu wechseln, finden wir unsinnig. Vor allem, da es mittlerweile – mindestens von der Firma Winther jedenfalls – eine sichernde «Sattelfederabschirmung» gibt. Wer die nicht kriegt: ein Streifen Schaumstoff, um die Federn gewickelt und befestigt, tut den gleichen Dienst.

Sicherheit ist das A und O bei der Kinderbeförderung auf dem Drahtesel. Erhöht wird die sowohl durch Verwendung eines möglichst stabilen Gepäckträgers als auch mit Hilfe eines Zweibeinständers. Der gibt auch im Stand Stabilität: beim Auf- bzw. Abladen des Kindes. Gute Fahrt.

Tragehilfen

Fast gehören sie schon zur Grundausstattung für Babys: Die Tragehilfen, Tragegestelle, Tragesitze, Tragetücher. Auf die wachsende Nachfrage hat die Industrie mit einer Vielfalt mehr oder weniger praktikabler Modelle reagiert. Welches ist für wen am besten geeignet?

Auf Tuchfühlung

Tragehilfen für Babys werden immer beliebter. Man kann damit komplikationslos in Busse steigen, im Wald herumkraxeln, im Supermarkt einkaufen, im Kochtopf rühren und dem Brüderchen die Schuhe zubinden – das Baby ist dabei und zufrieden, und man selbst braucht kein sperriges Kinderwagengestell herumzuhieven oder beim Kochen ständig zu springen, um dem Winzling sein Spielzeug aufzuheben.

Skeptiker fürchten, sie könnten in orthopädischer Hinsicht für die Entwicklung des Kindes ungünstig sein. Da ist als erstes die leidige Rückenfrage. Machen wir uns klar: Das Kind hat die letzten Monate im Mutterleib mit gerundetem Rücken von Kopf bis Po verbracht. Im Laufe der motorischen Entwicklung zieht dann das Kind mit seiner Muskeltätigkeit sein Rückgrat sozusagen «in Form». Das Doppel-S entsteht langsam von oben nach unten durch die zunehmend selbständige Aufrechthaltung des Körpers. Das platte Liegen im Bettchen hat damit gar nichts zu tun. Darum schadet es auch nichts, wenn die Wirbelsäule noch eine Weile die gewohnte runde Haltung einnimmt.

Werden dagegen die ungereiften Bandscheiben plötzlich belastet, erscheint das zumindest bedenklich, denn im Mutterleib schwamm das Baby ja im Fruchtwasser. Nun neigt man schnell zu der Annahme, daß die aufrechte Haltung beim Tragen gleichbedeutend wäre mit einer Belastung der Wirbelsäule. Bei den meisten Tragehilfen, ausgenommen die Kiepen, trifft das aber nicht zu. Schmiegt sich der Stoff fest um das Kind, nimmt er an jeder Stelle Gewicht auf, so ist es als würde der Rücken von einer großen Hand gestützt.

Rücken oder Bauch?

Dabei ist es für den Säugling durchaus nicht gleichgültig, ob er auf den Rücken oder auf den Bauch gebunden wird – zumal bei der Hausarbeit. Vor dem Bauch führt ein sich Vornüberbeugen des Trägers dazu, daß sich die Tragehilfe ein wenig lockert, auf dem Rücken

Ein paar Kilo Mensch

schmiegt sie sich in dem Fall eher fester um das Kind. Außerdem liegt es dabei bequem auf dem Rücken des Trägers, während es, vorn getragen, dabei eher in sich zusammensackt.

Noch ein Wort zu den Hüften: Die starke Spreizhaltung der Beine, zu der ein Baby am Körper eines Erwachsenen gezwungen wird, ist die physiologisch sinnvollste Haltung für die Entwicklung gesunder Hüftgelenke. Tatsächlich kommen in Kulturen, in denen Säuglinge ständig getragen werden, Hüftluxationen (eine Fehlstellung der Gelenke) äußerst selten vor. Wer also sein Kind viel herumträgt, kann in diesem Punkt sicher sein, ihm etwas Gutes zu tun. Ein Ersatz für die sorgfältige Beobachtung der Hüftgelenke durch den Kinderarzt sollte das Herumtragen aber nicht sein!

Nun gibt es Erwachsene, die weniger aus Furcht um das Kind als wegen eigener Kreuzschmerzen die Tragehilfe wieder in der Schublade verschwinden lassen. Vermutlich haben sie das Kind nur auf dem Bauch getragen. Daß man schwere Rucksäcke auf dem Rücken trägt, hat seinen guten Grund, und der gilt auch, wenn es sich um ein paar Kilo Mensch handelt. Trägt man eine Last vorn, beugt man sich automatisch etwas zurück, um seinen Körperschwerpunkt senkrecht zu den Füßen zu halten. Die Krümmung im Kreuz verstärkt sich, und die Nerven, die an der Rückseite der Wirbelsäule austreten, werden gequetscht: Rückenschmerzen.

Trägt man dagegen hinten, beugt man sich etwas nach vorn, die Krümmung im Kreuz wird eher abgeschwächt, und die austretenden Nerven bleiben unbehelligt. Gerade sehr schwere Babys sind auf diese Weise besser zu tragen. Wem es auch so noch zu schwer ist, der greife lieber zum Kinderwagen. Man braucht das Tragen schließlich nicht zur Ideologie zu machen.

Aus alldem ergeben sich ein paar Anforderungen, denen eine Tragehilfe genügen muß:

- Die Spannung des Stoffes um das Kind sollte sich stufenlos regulieren lassen.
- Die Tragehilfe sollte mit-

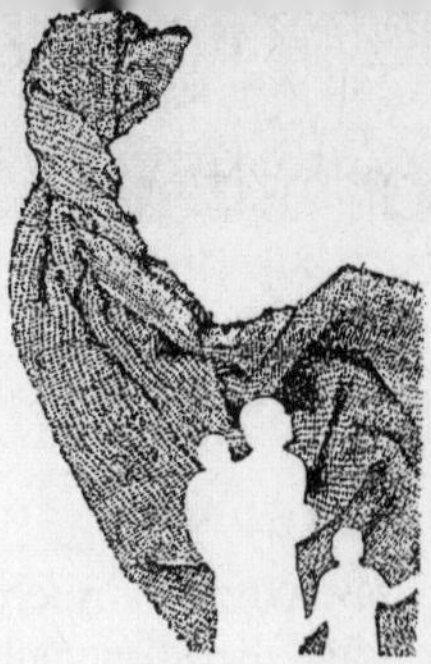

wachsen, nicht nur von der Größe her, sondern sie sollte der sich entwickelnden Körperbeherrschung des Kindes gerecht werden. Modelle, die am Anfang den Kopf mitstützen und gegen Ende der Tragzeit den ganzen Oberkörper frei lassen, sind optimal nutzbar.

- Man sollte die Tragehilfe nicht nur auf dem Bauch, sondern auch auf dem Rücken verwenden können.
- Sie sollte für den Erwachsenen das Gewicht des Kindes möglichst gut verteilen.
- Sie sollte gut waschbar sein und schnell trocknen.

Angeboten werden im Prinzip drei verschiedene Tragehilfen: fertig genähte Tragesitze, Tragetücher und Rückentragen.

Rückentragen eignen sich grundsätzlich erst für Kinder, die bereits selbständig sitzen können. Sie bestehen aus gebogenen Stahlrohrgestellen, in die ein Stoffsitz eingehängt ist. Die Spannung des Stoffes um das Kind ist nicht variabel, von einer «stützenden Hand» kann keine Rede sein. Für den Träger bedeutet eine solche Kiepe eine recht schwankende Last auf dem Rücken, denn der Schwerpunkt des Kindes liegt relativ weit ab vom Körper des Erwachsenen.

Verknotet und zugenäht

Entscheidet man sich für ein *Tragetuch*, sollte man sich darauf einstellen, daß man eine gewisse Übungszeit braucht. Das Binden ist anfangs meist nicht einfach. Das beste ist, wenn man sich das Knoten von jemandem, der Routine hat, zeigen läßt, dann klappt es in der Regel auch.

Die Firma Didymos versendet eine Liste von Müttern aus der ganzen Bundesrepublik, die sich bereit erklärt haben, Neulinge in die Kunst des Knotens einzuweisen. Auch in den örtlichen Stillgruppen gibt es oft Mütter, die mit einem Tragetuch umgehen können.

Hat man das Prinzip begriffen, hat man in dem Tuch eine Tragehilfe, mit der man sowohl ein drei Tage wie ein drei Jahre altes Kind herumtragen kann. Man kann die Kleinen stützend von Kopf bis Fuß einhüllen, sie sogar liegend tragen und die

Großen frei strampelnd, mit freiem Oberkörper auf die Hüfte binden. Das Kind wird in jedem Fall bei gut gebundenem Knoten, Faser für Faser, von dem Tuch umspannt und gehalten, die Bewegungen des Trägers teilen sich ihm sanft und massierend mit.

Die Tücher sind so gewebt, daß sie sich besonders leicht in die Diagonale verziehen, in Kette und Schuß dagegen extrem fest sind. Diese Qualität findet man bei keiner Meterware, das Selbermachen ist darum nicht zu empfehlen.

Bei *Tragesitzen* ist die Beweglichkeit des Stoffes durch Nähte fixiert, auch der Stützeffekt für das Kind ist wenig variabel. Es gibt wohl Modelle mit abnehmbaren oder abklappbaren Kopfstützen, aber es wird immer Phasen geben, in denen die Körpergröße des Kindes irgendwo ein «Mitteldring» erfordert, das das jeweilige Modell gerade nicht zu bieten hat.

Der Vorteil der Tragesitze ist sicherlich, daß auch derjenige problemlos damit zurechtkommt, dem die Eigendynamik sich schräg verziehender Stoffbahnen unheimlich ist. Das ist ja keine Schande, und man kann mit einem Tragesitz, der die oben genannten Anforderungen erfüllt, durchaus glücklich werden. Die Beobachtung zeigt, daß Männer eher zum Tragesitz greifen – vielleicht auch, weil ihnen das dekorative Element, das den Tragetüchern zweifellos eigen ist, weniger wichtig ist und ihrem praktischen Sinn die (anfangs) einfachere Handhabung entgegenkommt.

Statt Kinderwagen

Eine Sonderstellung unter den Tragesitzen nimmt der «*snugli*» ein, ein Import aus Amerika. Er unterscheidet sich insofern grundsätzlich von den anderen Tragehilfen, als es bei ihm nicht möglich ist, die Spannung des Stoffes um das Kind durch mehr oder weniger festes Binden zu regulieren. Statt dessen muß man Abnäher auftrennen oder den Sitz mittels Druckknöpfen in der Höhe verstellen, um ihn der Körpergröße des Kindes anzupassen.

Snugli-Benutzer sind in der Regel trotzdem sehr zufrieden mit ihm, denn er ist für den Erwachsenen sehr bequem zu tra-

Mit Kindern leben …

gen. Mit Sicherheit aber treten beim Kind Wachstumsphasen auf, in denen ihm der Snugli zunächst zu eng wird und dann, nach Auftrennen eines oder mehrerer Abnäher, zu weit. Im übrigen ist der Snugli durch einen extra umhüllenden Mantel sehr warm und daher eher für Winterkinder gut zu gebrauchen.

Nun sind die Tragehilfen nicht gerade billig, und an der Spitze steht das vermeintlich einfachste Modell, das Tragetuch. Wenn man aber bedenkt, welche Mühen man sich so ersparen kann, dann geht die Rechnung schon auf. Der Kinderwagen kann dafür ruhig eine Nummer bescheidener ausfallen. Mancher verzichtet sogar ganz darauf.

Bezugsquellen: *Rückentragen, Tragesitze und Importtragetücher (brauchbar zum Tragen auf der Hüfte) gibt es in Babyausstattungsgeschäften, Tragetücher in Normallänge und Überlänge für das Tragen auf dem Rücken bei: Didymos, das Babytragetuch, Uferstr. 30, Postfach 227, 7140 Ludwigsburg-Hoheneck, Tel. 07141/52115. Importtragetücher in Normallänge sind auch in vielen Dritte-Welt-Läden erhältlich.*

Buchtip zum Thema: *Regina Hilsberg, Körpergefühl – Die Wurzeln der Kommunikation zwischen Eltern und Kind. rororo – mit Kindern leben, Nr. 7922. DM 9,80.*

Foto: Gabriele Lorenzer

Kurz und gut

Vitamin-D-Pillen

Ich frage mich, ob alle diese Vitamin-D-Präparate, die Säuglingen von Kinderärzten und Hebammen verabreicht werden, wirklich sinnvoll sind. Kann ich nicht auch ohne künstliche Vitamine der Rachitis vorbeugen, die ja durch das Vitamin D verhindert werden soll? Beispielsweise, indem ich mein Kind immer ausreichend mit Milch versorge, die viel Calcium enthält und so die Knochen auch stärkt. Im Winter kann ich ja zur Not zusätzlich ab und an ein Kalkpräparat geben. Was halten Sie davon?

Annette Gut
7440 Nürtingen

Offen gesagt: gar nichts. Rachitis ist keine Kalkmangelkrankheit, sondern wird allein durch zu wenig Vitamin D verursacht. Nur bei ausreichender Versorgung mit diesem lebensnotwendigen Stoff kann der kindliche Organismus den vorhandenen Kalk in die Muskeln einlagern.

Auch pharmakritische Kinderärzte empfehlen, den Kleinen etwa 250 I. E. (Internationale Einheiten) täglich zu geben. Der Bedarf des kindlichen Organismus liegt zwar etwas höher. Doch auch mit Muttermilch oder Gläschenkost bekommen die Kleinen Vitamin D, das sie darüber hinaus bei Sonneneinstrahlung über die Haut im Organismus zum Teil auch selbst bilden können.

Wenn Sie die Mahlzeiten für Ihr Kleines selber aus Kuhmilch und Getreideprodukten kochen wollen (übrigens: In diesem Fall ist es besonders wichtig, mit Hilfe von Fachleuten einen genau ausgewogenen Ernährungsplan aufzustellen), sollten Sie die Vitamin-D-Gaben – in Absprache mit Kinderarzt oder Hebamme – erhöhen.

In sonnigen Zeiten sollten Sie Ihr Kind der frischen Luft aussetzen. Dann können Sie auf zusätzliche Vitamine verzichten, da Ihr Kind selbst genügend davon bilden kann.

Sonst reicht es normalerweise aus, dem Säugling jeden zweiten Tag eine der handelsüblichen Pillen mit 500 I. E. zu verabreichen.

Falsch wäre es allerdings, nach dem Motto «Viel hilft viel» die Vitamindosis darüber hinaus zu steigern. Zu hohe Vitamin-D-Gaben würden die weichen Gewebe verkalken lassen, wovon besonders die Blutgefäße und die Nieren betroffen wären.

Viele der angebotenen Vitamin-D-Pillen sind Kombinationspräparate, die neben dem lebensnotwendigen Stoff zusätzlich noch Fluor zur Vorbeugung gegen Karies enthalten. Wollen Sie schon Fluor, so ist doch die Verbindung mit dem Vitamin nicht sinnvoll: auf dieses können Sie bei Sonnenschein verzichten, Fluor zu nehmen ist dagegen nicht vom Wetter abhängig.

Zucker in Zahnpasta

Zahnpasta schmeckt süß. Wäre es möglich, daß da Zucker drin ist? Dann wäre ja Zähneputzen kariesfördernd!

Rudolf Kuhr
8000 München

Das wäre allerdings ein Hammer. Wir haben jedoch versuchsweise zwei Zahnpasten, Dentagard und Theramed, getestet und lediglich den Zuckeraustauschstoff Sorbit und keinen Zucker gefunden. Dieses Mittel wird auch in diätetischen Lebensmitteln zum Süßen verwendet. Es wird den Zahnpasten zugefügt, um über den unangenehmen Geschmack von Putzkörpern, wie Salz und Kreide, hinwegzutäuschen.

Flammschutzmittel im Pyjama

Wir haben für unseren fünf Monate alten Sohn einen Wäscheeinteiler geschenkt bekommen. In der Waschempfehlung heißt es: «Not to be used as sleepwear in the USA and UK» («Darf in den Vereinigten Staaten und in Großbritannien nicht als Nachtwäsche verwendet werden»). Was hat das zu bedeuten?

Ulli und Michael Fendel
6056 Heusenstamm

Das bedeutet, daß dieses Kleidungsstück nicht den Brandschutzbestimmungen in den USA und in Großbritannien entspricht. Solche sind zuerst in den Vereinigten Staaten erlassen worden, wo jährlich etwa 12000 Menschen bei Bränden ums Leben kommen.

Doch nicht bei den Brandursachen – beispielsweise zu 27 Prozent das Rauchen – haben die Behörden angesetzt, sondern beim sogenannten passiven Brandschutz: Danach müssen Textilien für die Nachtwäsche – vollständig ausgetrocknet – unter anderem drei Sekunden lang einer Gasflamme standhalten, ohne Feuer zu fangen.

Naturfasern können diese Bedingungen nicht erfüllen. Auch die an sich schwer entflammbare Wolle fällt bei dieser Prüfung durch, da ihr vorher der natürliche Feuchtigkeitsgehalt entzogen wird.

Allein reine Synthetiks verbrennen nicht in der Gasflamme, wenn ihnen chemische Flammschutzmittel zugesetzt worden sind. Doch diese wiederum können Allergien verursachen; die anfangs verwendete Substanz TRIS erwies sich als krebserregend.

Bundesdeutsche Textilfirmen, die in die Länder mit entsprechenden Brandschutzvorschriften Nachtwäsche ausführen wollen, haben zwei Möglichkeiten: Entweder verzichten sie auf Flammschutzmittel und weisen beispielsweise in der Waschempfehlung darauf hin, daß die Textilien nicht im Bett getragen werden dürfen. Oder die Hersteller verwenden die gleichen Chemikalien gegen schnelles Entzünden, die auch die ausländischen Firmen verwenden. In der bundesdeutschen «Flammschutzmittel-

Bedarfsgegenstände-Verordnung» ist geregelt, welche Substanzen verwendet werden dürfen.

Babys im Flugzeug

Kann ich mit meinem zwei Monate alten Säugling unbesorgt nach Westdeutschland fliegen?

Hanna-Maria Vadensky
1000 Berlin (West)

Ja, wenn Ihr Kleines keine Krankheit hat, spricht unter gesundheitlichen Aspekten nichts dagegen, mit dem Kind im Flugzeug nach Westdeutschland zu reisen.

Damit Sie wirklich sicher sein können, daß Ihr Baby nicht ein verborgenes Leiden hat, sollten Sie es auf jeden Fall bei den empfohlenen Vorsorgeuntersuchungen vorstellen.

In den Flugzeugkabinen herrschen durch den Druckausgleich in etwa Verhältnisse wie auf dem festen Erdboden. So ist ein kurzer Trip im Jet für das Kind wie für Sie weniger anstrengend als eine stundenlange Bahnfahrt.

Probleme kann es allenfalls bei Langstreckenflügen geben, allerdings weniger des Fliegens als der damit verbundenen Zeit- und Klimaumstellung wegen. Wollen Sie dem kalten Winter entfliehen und der Sonne entgegenfliegen, so sprechen Sie vorher mit dem Kinderarzt oder der Kinderärztin.

«Lindan» in Windelhosen

Statt Höschenwindeln aus Zellstoff oder Plastik möchte ich für meinen Jüngsten lieber Windelhosen aus naturbelassener Schafwolle nehmen. Doch nach dem ÖKO-TEST *«Pestizide in Babycremes» habe ich da ziemliche Bedenken. Enthält nicht auch das Wollfett in der naturbelassenen Wolle «Lindan»? Haben Sie das schon mal untersucht?*

Jutta Weber
3532 Borgentreich

Nein, wir nicht. Doch Wissenschaftler der chemischen Untersuchungsämter in Baden-Württemberg haben 32 Baby-Wollhosen und -hemdchen überprüft. In 31 Proben wiesen sie das gefährliche Insektengift

nach. Der höchste Wert betrug 930 Mikrogramm (= Millionstel Gramm) «Lindan» pro Kilogramm Kleidung; vier Proben enthielten mehr als 100 Mikrogramm. Leider haben die Wissenschaftler nicht bekanntgegeben, welche Höschen welcher Firmen sie untersucht haben.

Das ist zwar unerfreulich, doch nicht unmittelbar bedrohlich. Da eine Kinderhose nur etwa 50 Gramm wiegt, ist die absolute «Lindan»-Menge je Höschen geringer. Doch das Pflanzengift kann über die Haut aufgenommen und im Fettgewebe abgelagert werden. Bislang gibt es keine Untersuchungen darüber, wieviel vom Gift die Babys aus Windelhöschen aufnehmen.

Auf jeden Fall werden die Höschen nicht die Hauptbelastungsquelle sein, sondern eher schon Lebensmittel: So darf der Stich Butter für den selbstgekochten Möhrenbrei bis zu 2000 Mikrogramm/Kilogramm enthalten.

Da erscheinen die 930 Mikrogramm in der Windelhose fast harmlos. Wollen Sie allerdings völlig sichergehen, sollten Sie die Höschen vor dem ersten Tragen gründlich waschen und anschließend in einer Lanolinlösung baden. Lassen Sie sich jedoch vom Verkäufer der Lanolinlösung garantieren, daß die Waschlösung aus rückstandsfreiem Lanolin hergestellt worden ist.

Kindertee: Honig statt Zucker?

Den Artikel über die gezuckerten Kindertees in Heft 10/85 fand ich sehr interessant. Aber: Mit was kann man die reinen Kräutertees aus der Apotheke ein bißchen versüßen, um sie den lieben Kleinen schmackhafter zu machen? Wäre Honig da eine Alternative?

Andrea Tönjes
Ohmden

Nein, Honig wäre keine Alternative. Die Kariesgefahr bei Honig ist kaum geringer als bei Zucker. Gegenfrage: Warum wollen Sie den Tee unbedingt süßen? Die ständige Süßerei reduziert die kindlichen Sinnesempfindungen, die ja erst entwickelt werden müssen, und nimmt den Kindern zumindest teilweise die Chance, den natürlichen Geschmack von Getränken und Speisen als angenehm und interessant zu erleben. Gleichzeitig entwickeln die Kinder ein regelrechtes Suchtverhalten nach süßer Nahrung, was auf die Dauer Zähne und Knochenbau schädigen muß, weil die meisten süßen Sachen eben doch mit Zucker gesüßt sind. Wir raten also: Bleiben Sie maßvoll beim Süßen von Speisen und Getränken.

Adressen

Aktionskomitee
Kind im Krankenhaus
Kirchstraße 34
6370 Oberursel
Tel.: 06128/1357

Allergiker und
Asthmatiker Bund
Hindenburgstraße 146
4050 Mönchengladbach 1
Tel.: 02161/4649

Arbeitsgemeinschaft
Allergiekrankes Kind e. V.
Hauptstraße 29
6348 Herborn
Tel.: 02772/41237

Arbeitsgemeinschaft
Friedenspädagogik
Untere Weidenstraße 12
8000 München 90
Tel.: 089/6518222

Arbeitskreis
Überaktives Kind (e. V.)
Hinter den Höfen 82
2743 Anderlingen
Tel.: 04284/8166

Bundesgemeinschaft der
Eltern und Freunde
schwerhöriger Kinder e. V.
Pirolkamp 18
2000 Hamburg 65
Tel.: 040/6070344

Bundesverband
Legasthenie e. V.
Gneisenaustraße 2
3000 Hannover 1
Tel.: 0511/853465

Bundesverband
Neurodermitis-Kranker
Sabelstraße 39
5407 Boppard
Tel.: 06742/2598

Deutsche
Arbeitsgemeinschaft
Selbsthilfegruppen
Friedrichstr. 28
6300 Gießen
Tel.: 0641/7022478

Deutsche Behindertenhilfe Aktion Sorgenkind e. V.
Franz-Lohe-Straße 17
5300 Bonn 1
Tel.: 0228/2261

Deutscher Kinderschutzbund e. V.
Bundesgeschäftsstelle
Drostestraße 14–16
3000 Hannover 1
Tel.: 0511/662056

Deutsches Kinderhilfswerk e. V.
Langwieder Hauptstraße 4
8000 München 60
Tel.: 089/8141059

Elternverein asthmakranker Kinder u. Jugendlicher
Marlene Hoffmann
Goethestraße 13
8034 Germering
Tel.: 089/848896

Gesellschaft zur Erforschung des plötzlichen Säuglingstods e. V.
Postfach 610149
7000 Stuttgart 61
Tel.: 0711/354506

Hilfe für krebskranke Kinder
Theodor-Stern-Kai 7
Haus 313
6000 Frankfurt 70

Lernen + Fördern Bundesverband zur Förderung Lernbehinderter e. V.
Rolandstraße 61
5000 Köln 1
Tel.: 0221/374828

«Muttermilch – Ein Menschenrecht». Koordinationsstelle
Reichsgrafenstr. 4
7800 Freiburg
Tel.: 0761/62128

Notmütterdienst e. V. (NMD)
Sophienstraße 28
6000 Frankfurt 90
Tel.: 069/776611

Pseudokrupp
Die folgenden Adressen stehen stellvertretend für Pseudokrupp-Elterninitiativen in der gesamten Bundesrepublik. Einen Bundesverband dieser Initiativen gibt es leider nicht. Bitte erkundigen Sie sich in Ihrer Stadt, beispielsweise bei den Grünen.

Adressen

Aktionsgemeinschaft Pseudo-Krupp e. V.
Lechfeldstraße 11
8000 München 21
Tel.: 089/561535

Elterninitiative Pseudo-Krupp
Rolf Bickel
Levienstr. 27
4300 Essen 11
Tel.: 0201/660440

Eltern-Initiative Pseudo-Krupp
Kulturladen Hard e. V.
Wurzelbauerstr. 29
8500 Nürnberg 10
Tel.: 0911/553387

Terre des Hommes Deutschland e. V.
– Geschäftsstelle –
Ruppenkampstr. 11a
4500 Osnabrück
Tel.: 0541/7101-0

Verband alleinstehender Mütter und Väter
Bundesverband
Von Groote Platz 20
5300 Bonn
Tel.: 0228/352995

Tschernobyl-Initiativen
Nach der Reaktorkatastrophe von Tschernobyl haben viele Eltern in vielen Städten Initiativen gegründet, die sich für strahlenfreie Babynahrung, gegen Atomkraftwerke und gegen die allgemeine Umweltverschmutzung engagieren. Über 400 Adressen sind zusammengetragen in der Broschüre «Tschernobyl-Initiativen». Sie ist erhältlich bei:

Institut für Psychologie und Friedensforschung (IPF) e. V.
Sophie-Stehle-Str. 5
8000 München 19

ERSTE HILFE

Wenn ein Baby ins Krabbelalter kommt, ist es höchste Zeit, gefährliche Gegenstände und Stoffe im Haushalt unter Verschluß zu bringen. Arzneimittel, Reiniger, Blumendünger, Insektenstrips, Farben, Lösungsmittel usw. können lebensgefährlich werden oder zu schweren organischen Schäden führen, wenn ein neugieriges Kind davon kostet. Falls dennoch einmal was passiert, geben die folgenden «Giftinformationszentren» Hinweise für die richtige Erste Hilfe:

- **Berlin 0 30/3 02 30 22**
- **Bonn 02 28/2 60 62 11**
- **Braunschweig 05 31/6 22 90**
- **Bremen 04 21/4 97 52 68**
- **Freiburg 07 61/2 70 43 61**
- **Göttingen 05 51/39 62 39/41**
- **Hamburg 0 40/63 85 33 45**
- **Homburg/Saar 0 68 41/16 22 57**
- **Kiel 04 31/5 97 42 68**
- **Koblenz 02 61/49 96 48**
- **Ludwigshafen 06 21/50 34 31**
- **Mainz 0 61 31/23 24 66**
- **München 0 89/41 40 22 11**
- **Münster 02 51/83 62 45/-61 88**
- **Nürnberg 09 11/3 98 24 51**
- **Papenburg 0 49 61/8 30 (Zentrale Vermittlung Kinderabteilung)**

Ausgewählte Literatur zum Thema

Friege, Hannelore/Claus, Frank/D' Haese, Marigret:
Chemie im Kinderzimmer, Reinbek 1986

Nitsch, Cornelia/Schelling, Cornelia v.:
Das andere Babybuch – Für selbstbewußte Mütter, Väter und Babys, München 1985

Sichtermann, Barbara:
Leben mit einem Neugeborenen – Ein Buch über das erste halbe Jahr, Frankfurt 1987

Sichtermann, Barbara:
Vorsicht Kind! – Eine Arbeitsplatzbeschreibung für Mütter, Väter und andere, Berlin 1982

Hilsberg, Regina:
Körpergefühl – Die Wurzeln der Kommunikation zwischen Eltern und Kind, Reinbek 1985

Spitz, Rene A.:
Vom Säugling zum Kleinkind – Naturgeschichte der Mutter-Kindeziehungen im ersten Lebensjahr, Stuttgart 1987

Braunmühl, Ekkehard v.:
Zeit für Kinder, Frankfurt 1978

Burkert, Annelore:
Das Babybuch, Pflege – Ernährung – Entwicklung, Niedernhausen 1984

Preuschoff, Gisela:
Von 0–3 – Alltag mit Kleinkindern, Köln 1982

Speichert, Horst/Schön, Bernhard (Hg.):
Das rororo Elternlexikon, Reinbek 1987

Ernährung

Stillen

Pröstler, Elke:
Stillen trotz verseuchter Umwelt?, Freiburg 1981

Mitchell, Ingrid:
Stillen, Reinbek 1980

Schmidt, Eberhard/Brunn, Sylvia:
Die Kunst des Stillens, Niedernhausen 1984

Vollwerternährung

Katalyse e. V.:
Kinderernährung, Köln 1987

Jargstorff, Sibylle:
«Damit Du groß und stark wirst…» Ein «vollwertiges» Handbuch der Kinderernährung, Haldenwang 1985

Deutscher, Sabine:
Das Breibuch – Rezeptbuch für biologische Kindernahrung, Ludwigsburg 1982

Bustdorf-Hirsch, Maren:
Gesunde Ernährung für mein Kind, Niedernhausen 1985

Martin, Katja:
So ernährt man Kinder richtig – vom Säugling bis zum Schulkind, München 1985

Trurnit, Gisela:
Säuglingsernährung und Kleinkinderernährung in gesunden und kranken Tagen, Paderborn 1983

Seesslen-Hurler, Beate:
Bunte Nudeln und Schokoquark – Erfolgsrezepte für Kinder aus der Bio-Küche, Reinbek 1984

Lambinet, Gitta:
Kleinkinderkost vom eigenen Herd – Ein Handbuch, Frankfurt 1986

Danner, Helma:
Bio-Kost für mein Kind, Düsseldorf 1983

Gesunde Ernährung von Anfang an, Richtig essen – Werbung vergessen. Verbraucher-Zentrale Hamburg e. V., Hamburg 1986

Hunter, Carol:
Naturkost fürs Baby, Schweinfurt 1987

Süßigkeiten

Speichert, Horst:
Süße Sachen – Ein Rezeptbuch für gesunde Naschereien, Reinbek 1982

Stadtlaender, Chris:
Bio-Süßigkeiten zum Selbermachen, München 1984

Engelmann, Barbara:
Vollwertsüßspeisen, München 1985

Günther, Winfried/Martin, Magdalena:
Naturkost-Schleckereien, Südergellersen 1983

Kleiner-Röhr, Christina:
Köstliches Vollwert-Konfekt, Weil der Stadt 1986

Spielen

Münchmeier, Anne-Bärbel:
Spielen mit kleinen Kindern und Babys, Reinbek 1985

«Gift im Kinderzimmer», Stuttgart 1986
«Gutes Spielzeug von A–Z» «spiel gut» Arbeitsausschuß, Ulm 1982

Kellermann, Dieter:
Spiele für Kleinkinder, Niedernhausen 1985

Sicherheit und Risiko bei Kinderspiel und Spielzeug «spiel gut» Arbeitsausschuß, Ulm 1986

Spielzeug – Spiel mit dem Risiko? Verbraucherzentrale Bayern e. V., München 1987

Gesundheit

Blume, Angelika:
Den Umständen entsprechend optimistisch – Ratgeber für Eltern chronisch kranker Kinder, Reinbek 1987

Dost, Bernd:
Die Erben des Übels – Kranke Umwelt, kranke Kinder, München 1983

Stellmann, Hermann:
Kinderkrankheiten natürlich behandeln, München 1983

Goebel, Wolfgang/Glöckler, Michaela:
Kindersprechstunde – Ein medizinisch-pädagogischer Ratgeber, Stuttgart 1986

Brehmer, Gisela:
Was kann ich tun für mein Kind, Reinbek 1987

Diagram:
Soforthilfe für mein Kind – Bei Unfällen und Krankheiten, Düsseldorf 1985

Eichlseder, Walter:
Erste Hilfe für Ihr Kind, München 1986

Kelly, Petra (Hg.):
Viel Liebe gegen Schmerzen – Krebs bei Kindern, Reinbek 1986

Kramer, W. Günter:
Umweltverschmutzung – Lebensgefahr für unsere Kinder, München 1987

Lange, Petra:
Hausmittel für Kinder – Naturgemäß vorbeugen und heilen, Reinbek 1987

Leibold, Gerhard:
Naturheilkunde bei Kinderkrankheiten – Richtig vorbeugen und biologisch behandeln, Düsseldorf 1986

Ströder, Josef:
Unser Kind ist krank – was tun?,
Freiburg 1981

Zoubek, Maximilian:
Bio-Medizin für Kinder – Ratgeber für die Behandlung mit Naturheilmitteln, Düsseldorf 1981

Atemwegserkrankungen

Schmidt, Wolfgang:
Asthma, Pseudokrupp, Bronchitis und Lungenemphysem,
Niedernhausen 1985

Devivere, Beate v./Wemmer, Ulrich (Hg.):
Umweltschutz für Kinder – Thema: Atemluft, Franfurt 1986

Zenker, Werner:
Mein Kind hat Asthma,
Düsseldorf 1984